Björn Bedey (Hrsg.)
Das Chemnitzer Kochbuch

SEVERUS Verlag

Bedey, Björn (Hrsg.): Das Chemnitzer Kochbuch. Traditionelle Hausmannskost vom Anfang des 20. Jahrhunderts. 2022
Neuauflage der Ausgabe von 1932
ISBN: 978-3-96345-358-8

Korrektorat: Antonia Jarck, Anny Mohr
Satz: Antonia Jarck
Ergänzendes Vorwort: Antonia Jarck (© SEVERUS Verlag)

Umschlaggestaltung: Annelie Lamers, SEVERUS Verlag
Umschlagmotiv: designed by Olga_spb/freepik.com

Bibliografische Information der Deutschen Nationalbibliothek: Die Deutsche Nationalbibliothek verzeichnet diese Publikation in der Deutschen Nationalbibliografie; detaillierte bibliografische Daten sind im Internet über https://dnb.de abrufbar.

Der SEVERUS Verlag ist ein Imprint der Bedey & Thoms Media GmbH, Hermannstal 119k, 22119 Hamburg

SEVERUS Verlag, 2022
http://www.severus-verlag.de
Gedruckt in Deutschland
Der SEVERUS Verlag übernimmt keine juristische Verantwortung oder irgendeine Haftung für evtl. fehlerhafte Angaben und deren Folgen.

Björn Bedey (Hrsg.)

Das Chemnitzer Kochbuch
Traditionelle Hausmannskost vom Anfang des 20. Jahrhunderts

Editorische Notiz:
Der Text der vorliegenden Edition beruht auf der Ausgabe:
Zweigverein Chemnitz der Lehrkräfte an beruflichen Schulen E.V. (Hrsg.): Chemnitzer
Kochbuch. Bearbeitet vom Verein Chemnitzer Haushaltungslehrerinnen. Alexander Wiede,
Chemnitz 1932. Die Orthographie wurde behutsam modernisiert, grammatikalische Eigen-
heiten bleiben gewahrt. Die Interpunktion folgt der Druckvorlage. Der Inhalt ist im histori-
schen Kontext zu lesen.

Inhalt

Vorwort

Grüne Wiesen im Vordergrund, das Erzgebirge im Hintergrund und in der Mitte des Bildes eine Stadt im Wandel. Heute lässt sich Chemnitz als eine durch Kultur und Geschichte geprägte Stadt beschreiben, die über die letzten Jahrhunderte ständig neu erfunden wurde und doch ihren Charme und ihre Tradition verankern konnte. Mit diesem Kochbuch wird uns eine Zeitreise zurück in die Geschichte der Region in und um Chemnitz gestattet.

Bringen Sie die regionale Tradition in Ihre eigene Küche und führen Sie die Tradition weiter. Tauchen Sie ein in die Geschichte von Chemnitz und lernen Sie mit den Rezepten und Kochpraktiken nicht nur praktische Kochtipps und trockene Fakten kennen, sondern auch wertvolles regionales Bewusstsein. Lernen Sie Ihre eigene Heimat ein Stück weit besser kennen und lieben und begeistern Sie weitere Generationen mit diesem wertvollen Buch voller Geschichte, damit Chemnitzer Traditionen weitergeführt werden können.

Doch nicht nur das. Lernen Sie darüber hinaus etwas von Haushaltungslehrerinnen, die darin ausgebildet waren, anderen Leuten das Kochen beizubringen. Außerdem können wir bis heute besonders von den in diesem Buch genannten Aspekten der Nachhaltigkeit noch viel lernen. Lernen Sie, wie Sie Übermengen an Essen verbrauchen und haltbar machen. Lernen Sie, wie Sie Essensreste in leckere Gerichte umwandeln können. Frische Zutaten machen es Ihnen möglich, nachhaltig und regional für diese Gerichte einzukaufen. Lernen Sie all die Dinge, die in einer Zeit des Klimawandels wichtiger sind als je zuvor: Regionalität, Natürlichkeit und Nachhaltigkeit. Durch das Kochen dieser Rezepte kümmern Sie sich nicht nur um den Erhalt der Tradition, sondern auch um den Erhalt unserer Erde. Und lernen Sie all dies von Frauen, die es bereits vor 100 Jahren anderen beibrachten.

Die Haushaltungslehrerinnen haben dieses Kochbuch mit dem Ziel erstellt, jungen Hausfrauen und Arbeiterinnen die Kunst des

3

Kochens und der Ernährung einer Familie näher zu bringen. Mit detaillierten Beschreibungen und Arbeitsanweisungen wird dieses Buch zu etwas ganz Besonderem. Es wird ein Hauch Tradition und Regionalität in die Küche des 21. Jahrhunderts gebracht, es ist nicht mehr nur ein Kochbuch, sondern ein Stück Geschichte, das uns die Kochkultur Deutschlands im Wandel der Zeit näherbringt. Es lädt dazu ein, in die Welt Deutschlands der 1930er einzutauchen. In eine Welt des Wandels, eine Welt der Schnelle und doch noch eine Welt der Tradition und des Stillstands: die Weltwirtschaftskrise ist überstanden und die letzten einreißenden Folgen des Ersten Weltkriegs werden in Gesellschaft und Stadt aufgearbeitet. Chemnitz durchgeht zu diesem Zeitpunkt eine wichtige Verwandlung. Das Stadtbild und -leben der 30er stehen vor allem durch die industriellen Entwicklungen im Bild des geographischen Auf- und Umbruchs. Die Industriestadt entwickelt sich schnell zu einer Großstadt und erreicht im Jahr 1930 einen historischen Höchststand der Einwohnerzahl von über 360.000. Die Metropole verändert und erneuert sich, Bauten, die vor der Wirtschaftskrise angefangen wurden, werden beendet und immer mehr Menschen aus den ländlichen Umgebungen ziehen nach Chemnitz, um dort Arbeit zu finden. Doch nicht nur das Stadtbild steht im Zeichen der Veränderung, auch die gesellschaftliche Entwicklung erzielt Fortschritte.

Die Zahl der erwerbstätigen Frauen im Jahr 1925 steigt auf 11,6 Millionen. Das Idealbild der Frau und Mutter als Hausfrau bleibt zwar bestehen, jedoch wird die Frau fortlaufend in einen gesellschaftlich und kulturell vielseitigeren Lebensalltag integriert. Um neben der Erwerbstätigkeit ihre häuslichen Aufgaben effizient erfüllen zu können, werden Küchen durch Modelle wie der Frankfurter Küche der Hausfrau angepasst. Diese Kücheneinrichtungen ermöglichten es ihr, durch einen strategischen Aufbau und eine ausreichende Ausstattung, so viel wie möglich auf kleinstem Raum zu schaffen. Diese Änderungen erleichterten nicht nur den Alltag der Hausfrau der 30er, sondern bildeten eine Vorstufe für den Kochalltag des 21. Jahrhunderts.

Um grundsätzlich bei der Versorgung der Familie zu helfen, wird ab Ende des 19. und zu Beginn des 20. Jahrhunderts Koch- und Haushaltungsunterricht angeboten. Auslöser für die neue hohe Wertigkeit einer gesunden Ernährung ist die Auseinandersetzung der Ernährungswissenschaft mit der Sozialen Frage. Diese gesellschaftliche und politische Problematik entstand durch die hohe Anzahl an Menschen, bei denen die Umstände der industriellen Revolution Mangelkrankheiten auslösten. Um möglichst vielen Frauen Rezepte auf dieser neuen, nährstoffreichen Ernährung basierend beizubringen, wurden diese Bildungseinrichtungen errichtet. In diesen, auch vor allem mobilen Haushaltsschulen wurde jungen Frauen nicht nur die hauptsächlich bürgerliche Küche beigebracht, sondern auch die neuesten Erkenntnisse der Ernährungswissenschaft und die modernsten Küchengeräte vorgeführt. Die junge Frau lernte von nun an dem Geschmack der Zeit entsprechend.

Um dieses Wissen auch auf ländlichere Regionen zu verteilen, wurde nicht nur in den Bildungseinrichtungen geschult, es wurden auch vor allem Ratgeber und Kochbücher erstellt, um der ländlichen Hausfrau das nützliche Wissen stets greifbar zu machen. Im Laufe der Zeit standen diese Bücher vor allem im Trend der Vollständigkeit, was zu einer Fülle an vielfältigen Rezepten in den regionalen Kochbüchern führte. Aus dem Zeitgeist dieser Ära der Wissensverbreitung stammt dieses Kochbuch. Bearbeitet vom „Verein Chemnitzer Haushaltungslehrerinnen" entstand dies, um in der Zeit der rasanten Entwicklung ein Stück weit deutsche Kochtradition, aber vor allem Effizienz in die Küche zu bringen. Die Hausfrau musste unter Zeitdruck und durch die Wirtschaftskrise verursachten Mangel finanzieller Mittel, nahrhafte, sättigende und vitaminreiche Nahrung auf den Tisch bringen.

In den 30ern liegt der Beginn der Vitaminforschung im Fokus der Ernährungswissenschaften, so lautete das neue Ziel der Hausfrauen, eine möglichst vitaminreiche und fleischarme Kost für die Familie herzustellen. Da die Ernährungswissenschaften jedoch erst am Anfang einer gesünderen Forschung standen und die Bevölkerung mit den finanziellen Folgen der Vorjahre zu kämpfen hatte, überwiegen zu diesem Zeitpunkt sowohl noch Fleisch- und Fischprodukte als auch Suppen und Eintöpfe. Aspekte wie Nachhaltigkeit und Clean Eating sind zwar noch keine geläufigen Begriffe, sind aber durch Gerichte wie Suppen und Eingelegtes in die Chemnitzer Küche integriert.

Diese wirtschaftlichen und ernährungswissenschaftlichen Aspekte werden in den Zubereitungsangaben der Haushaltungslehrerinnen im Buch selbst mehrere Male sehr deutlich. So werden direkt zu Beginn des Kochbuches Hinweise zu einer vernünftigen Ernährung gegeben. Zudem wird der Hausfrau geraten, die Speisen stets ruhig und achtsam aufzunehmen, ein Zeichen sowohl der Kriegs- als auch der Hochindustrialisierungsnachzeit. Die Fleischrezepte überwiegen beträchtlich und die Rohkostrezepte werden zusammen mit Anweisungen aufgeführt, wie man diese aufzunehmen und zuzubereiten hat, ohne sich daran den Appetit zu verderben.

Die hauptsächlich vom bürgerlichen Modegeschmack beeinflussten Kochrezepte spiegeln den Trend der Zeit wider – eine Zeit, in der sich von alten Ideen abgelöst und neuen Erkenntnissen zugewandt wurde. Doch die Tradition bleibt weiterhin bestehen. Typische Rezepte der Chemnitzer Küche, wie zum Beispiel Quarkkeulchen, Plinsen oder Kartoffelkuchen, entstanden in weit vergangenen Jahrhunderten und werden weiterhin mit in das Chemnitzer Kochbuch aufgenommen. Die traditionelle Regionalität dient so im Wandel der Zeit als Moment des Stillstehens.

Antonia Jarck

SEVERUS Verlag

ZUM GELEIT

Das Chemnitzer Kochbuch ist aus langjähriger Unterrichtserfahrung herausgewachsen. Die Kochvorschriften berücksichtigen die Ergebnisse der neuen Ernährungswissenschaft. Sie sind sowohl im einfachen Haushalt als auch in der feinen Küche zu verwenden.

Möchte darum dieses Buch als Ratgeber willkommenen Eingang finden in Schule und Haus, möchte es den Schülerinnen bei ihrer hauswirtschaftlichen Tätigkeit zur Förderung dienen und den Hausfrauen neue Anregung bringen.

Die Bearbeiterinnen

Chemnitz, Ostern 1930

Vorwort zur 2. Auflage

In allen Kreisen hat das vorliegende Buch schnelle Verbreitung gefunden, sodass eine neue Auflage wünschenswert wurde.

Die Verfasserinnen hoffen, dass auch diese Neubearbeitung wieder freundlichen Anklang finden möchte.

Chemnitz, Ostern 1932

WINKE FÜR EINE VERNUNFT-
GEMÄSSE ERNÄHRUNG

Mehr denn je hat man in den letzten Jahren erkannt, welche hohe Bedeutung für Gesundheit und Wohlfahrt des Einzelnen und des gesamten Volkes der menschlichen Ernährung zukommt. Mit Ernst und Eifer hat sich die Wissenschaft der Erforschung ungeklärter Fragen angenommen und manche neue Erkenntnis zu Tage gefördert.

Soll jedoch ihre Arbeit der Gesamtheit nützen, dann tut in Schule und Familie Aufklärung not. Dazu will dies Büchlein mit beitragen, und es will zugleich Anleitung geben für eine gesundheitsgemäße Zusammenstellung und Herstellung der Kost.

So sei zunächst auf die Hauptunterschiede zwischen früherer und neuerer Ernährungsweise hingewiesen:

1. Während früher in der Nahrung vor allem der Brennwert (Kalorien) beachtet wurde, wird jetzt von ihr verlangt, dass sie nicht nur Wärme und Kraft spendet, sondern gleichzeitig Stoffe enthält, die vor allem der Erhaltung der Lebensfunktionen in den Geweben dienen. Die Einflüsse dieser Stoffe (Mineralsalze, Vitamine, Lipoide) sind wichtig für die Ernährung der Nerven, des Blutes und der Drüsen. Ihr Fehlen ruft die sogenannten Mangelkrankheiten hervor.

2. Die neuere Ernährungslehre fordert vor allen Dingen Einschränkung der Eiweißzufuhr (Fleisch, Eier, Fisch), Abkehr von einseitiger Bevorzugung des Weißbrotes, der Hülsenfrüchte, des Zuckers zugunsten der Nahrungsmittel, die reich an Vitaminen und Mineralstoffen sind. Dazu gehören in erster Linie die grünen Gemüse, vor allem Spinat, weiter Kartoffeln, Möhren, Kohlrabi, Rüben, sämtliche Kohlarten mit Ausnahme des Rosenkohls, Zwiebeln, dann ferner die verschiedenen Sorten Obst,

9

Südfrüchte usw. Dr. Winckel, der Herausgeber der Zeitschrift „Volksernährung", stellt hierzu den Grundsatz auf, dass die Nahrung aufgewertet werden muss, d.h. einem Essen mit einseitigem Eiweißgehalt müssen vitamin- und basenhaltige Nahrungsmittel zugesetzt werden. „Genieße 5 mal soviel Obst, Gemüse, Milch wie Fleisch, Eier, Brot."

3. Die Nahrungsmittel sollen nur solange gekocht werden, als es die Verdaulichkeit fordert. Die in den Nahrungsmitteln enthaltene Sonnenenergie muss möglichst erhalten bleiben, darf durch das Kochen so wenig wie möglich zerstört werden. Schnelles Erhitzen der Speisen auf hohen Grad ist nicht so nachteilig als langsames und fortgesetztes Wärmen. Man muss sich dazu erziehen, einen Teil der täglichen Nahrung in ungekochtem, also rohem Zustande zu genießen; denn je „unveränderter die Stoffe in den Körper gelangen, desto wahrscheinlicher erfüllen sie ihre Aufgabe in physiologischer Hinsicht" (Rubner). Tadellose Beschaffenheit, sachgemäße Zubereitung und vitaminreiche Zusammenstellung der Nahrung ermöglichen ein Auskommen mit viel geringeren Nährstoffmengen, als Menschen gemeinhin gewohnt sind.

4. Kochsalz, regelmäßig in zu großen Mengen den Speisen zugesetzt, wirkt geradezu giftig, denn es beschwert das Blut, reizt die Nieren und verursacht sehr häufig Stoffwechselkrankheiten. Wir leiden häufig an einer Kochsalzvergiftung. Deshalb muss vor zu reichlicher Verwendung von Kochsalz gewarnt werden. 5 g Kochsalz täglich genügen.

Beachten wir außer diesen Grundsätzen der modernen Ernährungsweise noch die alte Lebensweisheit, dass der Mensch nicht zu oft und zu viel essen, dass er ferner seine Mahlzeiten am sauber gedeckten Tisch in Ruhe und Behaglichkeit verzehren soll, so werden wir viel zur Erhaltung unserer Gesundheit und Leistungsfähigkeit beitragen.

Kochvorschriften

Die angegebenen Mengen sind für eine Familie von vier Personen berechnet. Die Esslöffel und Teelöffel sind abgestrichen zu nehmen.

Suppen

Fleischbrühsuppen sind nur appetitanregend, durch verschiedene Einlagen (Nudeln, Grieß, Reis, Graupen, Haferflocken, Eier) macht man sie nahrhaft. Dazu können auch Reste von Gemüsen verwendet werden. Milch-, Mehl- und Hülsenfruchtsuppen sind nahrhaft und können mit Knochenbrühe und Butter oder mit Gemüsewasser schmackhaft zubereitet werden. Obstsuppen wirken erfrischend und durststillend und werden durch Beigaben von Mehl, Zwieback oder gerösteter Semmel nahrhaft.

Fleischbrühe

½ Pfd. Rindfleisch mit Knochen	1 Lorbeerblatt
2 l Wasser	5 Pfefferkörner
1 Essl. Salz	1 Stück Zwiebel
1 Tomate oder einige Pilze	1 Stück Möhre, Kohlrabi, Sellerie

Fleisch und Knochen schnell waschen, Fleisch in Stücke schneiden, Knochen zerkleinern, mit kaltem Wasser und den Gewürzen aufsetzen, 2–3 Stunden langsam kochen lassen und durch ein Sieb gießen.

BLUMENKOHLSUPPE

1 kleiner Blumenkohl	3 Essl. Mehl
1 l Wasser	3 Essl. Butter
½ Essl. Salz	1 Ei

Blumenkohl putzen, teilen, weichdämpfen (Kartoffeldämpfer oder Sieb). Aus Fett und Mehl eine helle Mehlschwitze zubereiten, das Gemüsewasser zufügen, aufkochen lassen, mit Ei abziehen, den Blumenkohl hineingeben. Statt Blumenkohl können Spargel oder Schwarzwurzeln verwendet werden.

EINLAUFSUPPE

1 l Fleischbrühe	4 Essl. kaltes Wasser
2 Eier	1 Prise Muskat
3 Essl. Mehl	Petersilie

Ei, Mehl und Wasser gut verrühren, langsam in die kochende Fleischbrühe einlaufen und 5 Minuten kochen lassen. Vor dem Anrichten Petersilie zugeben. Anstatt Mehl kann auch geriebene Semmel verwendet werden.

FLEISCHBRÜHE MIT EIERSTICH

1 l Fleischbrühe	½ Teel. Salz
5 Essl. Milch	1 Prise Muskat
2 Eier	Petersilie
1 Essl. Butter	

Eier, Milch und Gewürze gut verquirlen, in ein mit Butter ausgestrichenes Töpfchen oder eine Tasse füllen und im Wasserbade 1 Stunde stehen lassen. Den fertigen Eierstich mit einem Löffel abstechen oder

stürzen und mit dem Buntmesser schneiden. Fleischbrühe darübergießen, mit Petersilie würzen.

GRIESSSUPPE

5 Essl. Grieß	2 Essl. Butter
1 l Wasser	1 Ei
½ Essl. Salz	Petersilie

Den Grieß in das kochende Wasser streuen, Salz und Butter daruntermischen, die Suppe unter öfterem Rühren ¼ Stunde langsam kochen
lassen, mit Ei abziehen und mit Petersilie würzen.

GRÜNE SUPPE

3 Essl. Butter	1 l Wasser oder Fleischbrühe
3 Essl. Mehl	½ Essl. Salz
¼ Pfd. Kräuter	

Die gelesenen, gewaschenen Kräuter feinwiegen, in Butter dünsten,
Mehl darüberstäuben, anrösten, mit Wasser oder Fleischbrühe auffüllen, aufkochen lassen und abschmecken. (Mit Ei abziehen.)

GRÜNKERNSUPPE

1 l Wasser	2 Essl. Butter
½ Essl. Salz	4 Essl. Grünkernmehl

Wasser mit Salz und Butter zum Kochen bringen, das mit kaltem Wasser ungerührte Grünkernmehl unter Rühren zugeben und die Suppe
10 Minuten langsam kochen lassen.

HAGEBUTTENSUPPE

½ Pfd. frische Hagebutten	4 Essl. Zucker
1 l Wasser	1 Stück Zitronenschale
1¼ Essl. Kartoffelmehl	

Hagebutten entkernen, mit Wasser und Zitronenschale weich kochen, durch ein feines Sieb streichen, Zucker hinzufügen und mit dem Kartoffelmehl sämig machen. Das Fleisch von frischen Hagebutten gibt einen guten Tee. Getrocknete Hagebutten (60 g) tags zuvor einweichen.

HOLUNDERBEERENSUPPE

1 Pfd. Holunderbeeren	1 Stück Zimt- und Zitronenschale	1 Nelke
1 l Wasser	2 Essl. Kartoffelmehl	3 Essl. Wasser
4 Essl. Zucker		

Beeren überspülen, von Stielen abstreifen, mit kaltem Wasser und Gewürzen aufsetzen, kochen bis sie platzen und durchschlagen. Saft zum Kochen bringen, Zucker und angerührtes Kartoffelmehl zugeben, Suppe aufkochen lassen.

KARTOFFELSUPPE

¾ Pfd. Kartoffeln	1 Stück Möhre, Sellerie, Zwiebel
1 l Wasser	Selleriekraut
½ Essl. Salz	2 Essl. Fett

Die gewaschenen, geschälten Kartoffeln in Stücke schneiden, mit kaltem Wasser und den Gewürzen aufsetzen, weich kochen und quirlen. Fett und gewiegtes Selleriekraut zugeben.

KÜRBISSUPPE

1½ Pfd. Kürbis	1 Stück Ingwer
1 l Milch	2 Essl. Zucker
1 Prise Salz	1 Essl. Mehl
1 Nelke	2 Essl. Butter
1 Stück Zimtschale	

Kürbis schälen, ausputzen, in Würfel schneiden, mit den Gewürzen in der Milch weich kochen und durch ein Sieb streichen. In die kochende Flüssigkeit Zucker, das in kaltem Wasser angerührte Mehl, Butter zugeben und aufkochen lassen.

OCHSENSCHWANZSUPPE

½ Pfd. Ochsenschwanz	1 Essl. Salz
3 Essl. Butter	2 Essl. Mehl
1½ l Wasser	1 Prise Pfeffer
Fleischgewürze und Wurzelwerk	½ Essl. Wein

Ochsenschwanz waschen, in Stücke teilen, in der Hälfte der Butter anbräunen, mit Wasser und Gewürzen kochen. Mehl in der übrigen Butter braun rösten, mit Ochsenschwanzbrühe auffüllen und 10 Minuten kochen. Dann mit Salz, Pfeffer und Wein abschmecken. Das in Streifen geschnittene Fleisch und Wurzelwerk nach Belieben in die Suppe geben.

PILZSUPPE

1 Pfd. frische Pilze	3 Essl. Butter
¾ l Wasser	3 Essl. Mehl
½ Essl. Salz	1 Stück Zwiebel

Die Pilze putzen, gut waschen, schneiden, mit Zwiebel in Butter anschmoren, Mehl darüberstäuben, Salz, kochendes Wasser zugeben, 30 Minuten kochen lassen und mit Petersilie würzen.

SAGOSUPPE

1 l Fleischbrühe	⅛ l kaltes Wasser
4 Essl. echten Sago	1 Ei, Petersilie

Den im Sieb überspülten Sago mit kaltem Wasser aufsetzen, Fleischbrühe zugeben und quellen lassen, zuletzt mit Ei abziehen. Das Ei mit 2 Esslöffel kaltem Wasser verrühren, 2 Esslöffel Suppe dazugeben und mit der Suppe vermischen (darf nicht wieder kochen). Vor dem Anrichten gewiegte[1] Petersilie zugeben.

SUPPE MIT GEMÜSEEINLAGE

1½ l Fleischbrühe	1 kleiner Blumenkohl
¼ Pfd. Schoten	2 Essl. Butter
¼ Pfd. Karotten	1 Teel. gewiegte Petersilie
¼ Pfd. Spargel	

Die Schoten entkernen, die gewaschenen und abgeschabten Möhren in Scheiben oder Streifen schneiden, in Butter anschmoren und in Fleischbrühe weich kochen. Blumenkohl putzen und teilen, Spargel waschen, schälen, in schräge Stücke schneiden und in Salzwasser kochen. Danach die Gemüse mit der übrigen Fleischbrühe mischen und Petersilie zugeben.

---

1   Anm. des Verlags: Der Vorgang des Wiegens beschreibt eine bestimmte Art der Zerkleinerung, insbesondere von Kräutern und Gemüse.

SUPPE MIT EINLAGE VON SEMMEL ODER GRIESSKLÖSSCHEN

a)

1 l Fleischbrühe	1 Ei
1½ Essl. Butter	½ Teel. Salz
6 Essl. geriebene Semmel	1 Prise Muskat

Butter schlagen, mit geriebener Semmel, Ei und Gewürzen gut vermischen, mit angefeuchteten Händen kleine Klößchen formen, in Fleischbrühe 5 Minuten langsam und offen kochen lassen.

b)

⅛ l Milch	1 Prise Salz
50 g Grieß	1 Prise Muskat
1 Essl. Butter	1 Ei

Milch mit Butter, Salz und Muskat zum Kochen bringen, Grieß einstreuen, so lange ausquellen lassen, bis er sich vom Topfe löst. Unter den abgekühlten Grieß das Ei mischen, mit angefeuchtetem Löffel kleine Klößchen abstechen. Diese in Fleischbrühe 10 Minuten offen kochen lassen.

WEINSUPPE

4 Essl. Sago	1 Nelke
¾ l Wasser	1 Essl. Zitronensaft
½ l Apfel- oder Weißwein	4 Essl. Zucker
1 Stück Zimt- und Zitronenschale	

Sago in einem Sieb abspülen, mit kaltem Wasser, Zimt-, Zitronenschale und Nelke aufsetzen, 20 Minuten kochen lassen. Dann Wein, Zitronensaft und Zucker zugeben. Statt Sago kann man auch 2 Esslöffel Kartoffelmehl verwenden.

Kaltschalen

Zur Bereitung sollen frische Fruchtsäfte, rohe Beeren und unge-
kochte Milch Verwendung finden, damit der Vitaminreichtum nicht
geschmälert wird.

Milchkaltschale mit Heidelbeeren

1 Pfd. Heidelbeeren	3 Essl. Zucker
1 l Milch	4 Zwiebäcke

Heidelbeeren lesen, waschen (zerdrücken), mit Zucker vermischen,
½ Stunde stehen lassen. Dann mit Milch übergießen und den zerkleinerten Zwieback zugeben. Anstatt Heidelbeeren dienen auch Erd-
oder Himbeeren.

Obstkaltschale

1 Apfel	1 Essl. Zucker
1 Apfelsine	2 Tassen alkoholfreien Apfelmost
1 Essl. geriebene Nüsse	

Den Apfel mit Schale und Kernhaus hobeln. Die Apfelsine schälen
und in kleine Stücke schneiden. Das Obst mit Apfelmost übergießen.
Die Kaltschale mit Zucker abschmecken, einige Stunden durchziehen
lassen. Beim Anrichten die geriebenen Nüsse zugeben.

Bierkaltschale

100 g Brot	3 Essl. Zucker
¾ l Bier	1 Prise Zimt

1 l Wasser

2 Essl. Korinthen

½ Zitrone in Scheiben geschnitten

Das geriebene oder kleingeschnittene Brot mit den anderen Zutaten vermischen, ½ Stunde ziehen lassen.

ZITRONENKALTSCHALE

100 g Schwarzbrot

Schale von ½ Zitrone

6 Essl. Zucker

Saft von 1 Zitrone

1 l Wasser

Brot reiben oder in kleine Würfel schneiden, mit Zucker bestreuen, mit Zitronensaft beträufeln. Die dünnabgeschälte Zitronenschale im Wasser ¼ Stunde ziehen lassen, dieses dann mit dem Brot vermischen und ½ Stunde kalt stellen.

DAS FLEISCH

Wenn auch die neue Ernährungsweise eine Einschränkung des Fleischgenusses fordert, da sich erwiesenermaßen bei zu reichlichem Fleischgenuss ein Ü b e r m a ß von Säuren im Körper bildet, die zu krankhaften Erscheinungen führen, so nimmt das Fleisch doch wegen seiner großen V o r z ü g e eine wichtige Stellung in der Ernährung ein.

Mit dem Fleisch kann die Hausfrau eine nahrhafte, wohlschmeckende, abwechslungsreiche Kost oft ohne große Mühe herstellen.

Kartoffeln, trocknem und frischem Gemüse dient es als wertvolle Ergänzung, wodurch eine gute, g e m i s c h t e Kost entsteht.–

Damit der N ä h r w e r t des Fleisches erhalten bleibt, ist es vor dem A u s l a u g e n zu schützen. Es muss darum schnell gewaschen werden und darf nicht längere Zeit auf dem Holzbrett liegen.

Damit das Fleisch m ü r b e wird, müssen durch K l o p f e n die Fleischfasern gelockert werden.

Nach der verschiedenen V e r w e n d u n g richtet sich die Wahl des Stückes. Wir unterscheiden Koch- und Bratstücke.

1. Kochfleisch

Als Kochfleisch eignen sich Fehlrippe, Brustkern, Bug, Kamm- und Bauchstücke.

Man erhält beim Kochen e i n w e r t v o l l e s S t ü c k F l e i s c h, wenn man es mit k o c h e n d e m Wasser ansetzt. Es gerinnt dadurch das Eiweiß an der Oberfläche und die Nährstoffe bleiben erhalten.

Will man eine kräftige Brühe haben (siehe Krankenkost), so setzt man das Fleisch mit kaltem Wasser an.

Das Kochfleisch macht man wohlschmeckend durch Zugabe von Salz, Fleischgewürz (auf 1½ l Wasser 1½ Essl. Salz, 4 Pfefferkörner, 1 Stück Zwiebel, 1 Stück Lorbeerblatt), Wurzelwerk (Möhre, Sellerie, Porree, Petersilienwurzel, Kohlrabi), durch verschiedene Tunken. Damit die Extraktivstoffe (Duft- und Geschmacksstoffe) erhalten bleiben, muss der Deckel des Topfes gut schließen, überhaupt häufiges Öffnen des Topfes vermieden werden. (Empfehlenswert: Dampftöpfe.)

Das Fleisch muss l a n g s a m kochen, damit die Fleischfasern nicht hart und zäh werden.

Die Kochzeit des Fleisches richtet sich nach dem Gewicht und der Art. Durchschnittlich rechnet man:

auf 1 Pfund Rindfleisch 2 Stunden, auf 1 Pfund Schöpsenfleisch 2 Stunden, auf 1 Pfund Kalbfleisch und Schweinefleisch 1½ Stunden Kochzeit.

2. Bratfleisch

Bratfleisch wäscht man nicht, sondern schabt es vorsichtig ab oder wischt es mit sauberem Tuch ab, damit das Fett beim Anbraten nicht spritzt und das Fleisch schneller bräunt.

Mageres Fleisch und Wild spickt man, damit es saftiger wird. Entweder zieht man Speckstreifen durch das Fleisch oder bindet Speckscheiben darauf. Bratfleisch wird auch geklopft, um die Fleischfasern zu lockern und es mürbe zu machen.

Bratfleisch muss in heißes Fett gelegt werden, damit das Eiweiß an der Oberfläche schnell gerinnt und das Fleisch saftig bleibt. Die braune Kruste, die sich bildet, schützt vor dem Auslaugen und erhöht den Wohlgeschmack. Wenn das Fleisch auf allen Seiten gebräunt ist, gibt man Fleischgewürz und Wurzelwerk zu. Bei dem Wenden nicht anstechen, damit der Fleischsaft nicht verloren geht. Das Wasser (Fleischbrühe) muss kochend zugegossen werden. Um den Braten saftig zu erhalten, muss das Fleisch öfters begossen werden. Man bratet es auf dem Herde an und lässt es dann in der Backröhre bei Oberhitze weichschmoren. Die Flüssigkeit nicht über den Braten gießen, damit die braune Kruste nicht zerstört wird. Die Bratentunke wird durch Zugabe von Brotrinde, Honigkuchen oder angerührtem Mehl sämig gemacht.

Bratfleisch kann einige Tage vor der Verwendung eingelegt werden. Rindfleisch für Sauerbraten in Essig und Bier; Hammelfleisch und Wild oder Kaninchen in Milch oder Buttermilch.

Als Bratstücke eignen sich: Hüfte, Lende, Oberschale, Keule, Schälbraten, Kamm oder Rücken.

3. Das Grillen des Fleisches

Der Grillbraten wird auf dem Rost in der Bratröhre bei scharfer Oberhitze zubereitet, wodurch sich bald eine Kruste bildet und die wertvollen Stoffe erhalten bleiben. Die Grillpfanne unter dem Rost zum Auffangen des Fleischsaftes wird mit 1 ½ l Wasser gefüllt. Man verwendet Fleisch ohne Knochen. Die Oberseite des Fleisches wird zuerst mit voller Flamme bestrahlt und ungefähr ¼ Stunde gebräunt. Dann wendet man das Fleisch mit 2 Löffel und lässt auch die andere Seite braun werden. Es wird mit dem kochenden Wasser aus der Grillpfanne begossen und mit dünngeschnittenen Speckscheiben belegt. Nun stellt man Rost und Pfanne tiefer und bratet mit kleingestellter

Flamme weiter. Das fertig gebratene Fleisch muss eine feste Kruste haben und darf nicht mehr schwammig sein. Ein mittelstarkes Stück Rind- oder Kalbfleisch von 3 Pfund verlangt auf dem Rost eine Bratzeit von ungefähr 1 Stunde.

BRATWÜRSTCHEN (6)

¾ Pfd. gewiegtes Schweinefleisch	1 Stück Zwiebel
½ Teel. Kümmelkörner	1 Teel. Salz
1 Prise Pfeffer	¾ Brötchen
2 Essl. geriebene Semmel	½ Teel. Majoran
1 Prise Nelken	3 Essl. Fett

Das Fleisch mit allen Zutaten gut vermischen. Aus der Masse 5–6 Würstchen formen. Diese in geriebene Semmel einwickeln und in heißem Fett braun braten.

GEKOCHTE FLEISCHKLÖSSE (ZU SCHWARZWURZELGEMÜSE)

¾ Pfd. gewiegtes Rind- und Schweinefleisch	(1 Ei)
1 Stück Zwiebel	1 Brötchen
1 Teel. Salz	1 Prise Pfeffer

Das gewiegte Fleisch mit dem erweichten Brötchen, der gewiegten Zwiebel und den übrigen Gewürzen gut vermengen, 6 Klöße formen. Diese ¼ Stunde lang in dem Schwarzwurzelgemüse dämpfen lassen.

FLEISCHSALAT

¼ Pfd. Kalbsbraten	¼ Pfd. gekochten Schinken
¼ Pfd. gekochtes Kuheuter	2 saure Gurken
Salattunke (Mayonnaise)	

Fleisch, Gurke in gleichmäßig feine Streifen oder Würfel schneiden, mit der Salattunke vermischen und einige Stunden zugedeckt stehen lassen.

GÄNSEBRATEN

1 Gans 7–8 Pfd.	4 Stängel Beifuß
2 l Wasser	1 Pfd. kleine Äpfel
2 Essl. Salz	1 Essl. Kartoffelmehl

Die Gans mit kochendem Wasser überbrühen, mit Kleie gründlich abreiben und mit kaltem Wasser spülen. Nach dem Erkalten ausnehmen. Kopf, Hals, Flügel und Füße abschneiden, mit Magen und Herz zu Gänseklein verwenden. Gans auf den Rücken legen, Bauchhaut vorsichtig vom Steiß bis zur Brusthöhle aufschneiden, das Fett von beiden Seiten ablösen und die Eingeweide kräftig, aber vorsichtig herausziehen, damit kein Darm zerreißt. Nachsehen, ob Gurgel mit entfernt ist. Leber und Herz vorsichtig von Galle und Magen abtrennen, Magen aufschneiden, innere Haut mit Futter abziehen, Fett von den Gedärmen abstreifen und einwässern.

Die Gans über kleiner Flamme absengen, innen und außen gut waschen, mit Salz einreiben, mit gewaschenen Äpfeln und gebrühtem Beifuß füllen, zunähen, in der Pfanne mit kochendem Wasser aufsetzen, zugedeckt und langsam 2 Stunden braten. Nachdem in der Röhre durch Oberhitze beide Seiten bräunen, dabei öfter mit Fett begießen und wenn nötig, Wasser zugeben. Zuletzt das angerührte Mehl mit der Tunke vermischen und aufkochen lassen.

Das Fett kann man in der Brühe mit auskochen und abschöpfen oder auch mit Beifuß und Äpfeln ausbraten und mit Schweinefett vermischen.

GÄNSEKLEIN MIT REIS

1 Gänseklein	1 Stück Zwiebel
1½ l Wasser	1 Pfd. Reis
1 Essl. Salz	1 Prise Muskat

Das Gänseklein absengen, vom Kopf die Augen ausstechen, den Schnabel abschlagen, waschen, mit kochendem Wasser und Gewürzen aufsetzen, 1½ Stunde kochen. (Reis siehe trockene Gemüse.)

GÄNSELEBER

Leber waschen, mit Salz und Pfeffer bestreuen, in Mehl wenden und mit Butter und Zwiebel braun braten.

HASENBRATEN

1 Hasenrücken oder 2 Keulen	1 Teel. Salz
125 g Speck	¼ Pfd. Butter
¼ l saure Sahne	¼ l Wasser

Fleisch waschen (Schussstellen mit Essig auswaschen), häuten, spicken, mit Salz bestreuen. In heißer Butter anbraten, kochendes Wasser zugießen, nach und nach mit Sahne übergießen. Hasenrücken ¾ Stunde, Keulen 1 Stunde braten lassen. Wenn nötig die Tunke mit Mehl sämig machen.

GEFÜLLTE KALBSBRUST (2 MAHLZEITEN)

2 Pfd. Kalbsbrust	5 Essl. Fett	1 l Wasser
1 Teel. Salz	1 Essl. Mehl	2 Essl. Wasser
Zitronensaft oder saure Sahne		
Fülle	¼ Pfd. gewiegtes Rind- und Schweinefleisch	
	½ Brötchen	½ Teel. Salz
	1 Prise Muskat	1 Stück Zwiebel
	1 Ei	Petersilie

Kalbsbrust von Haut, Sehnen, Knochen befreien, klopfen, waschen, die Innenseite mit der Fleischmasse füllen. Die gefüllte Kalbsbrust zusammenrollen, zubinden oder zunähen und in heißem Fett anbraten. Dann kochendes Wasser und die Knochen hinzugeben, 1½ Stunde schmoren lassen. Die Bratentunke sämig machen und abschmecken.

Kalbsgeschlinge (Lungenragout)

1½ Pfd. Geschlinge (Lunge, Herz, Milz)

1 l Wasser	1 Teel. Salz
4 Essl. Fett	3 Essl. Mehl
1 Teel. Kapern	1 Prise Zucker
1 Essl. Zitronensaft oder Essig	1 kl. Pfeffergurke

Fleisch gut waschen, mit kochendem Wasser und den Gewürzen aufsetzen, 1½ Stunde kochen lassen. Die hellbraune Mehlschwitze mit Fleischbrühe auffüllen, 10 Minuten kochen lassen, mit Gurken, Kapern, Zucker, Zitronensaft oder Essig würzen. Das Fleisch in kleine Würfel schneiden und in der Tunke kurz aufkochen lassen.

Kalbsschnittfleisch

1 Pfd. Kalbfleisch	3 Essl. Fett
¼ Pfd. Knochen	3 Essl. Mehl
¾ l Fleischbrühe	1 Essl. Salz
1 Stück Zwiebel	einige Pilze
Fleischgewürz und Wurzelwerk	½ Teel. Kapern
Zitronensaft	1 Ei

Fleisch klopfen, schnell waschen, mit kochendem Wasser, Salz, Fleischgewürz und Wurzelwerk ansetzen, ½ Stunde zugedeckt kochen lassen. Dann das Fleisch in Scheiben schneiden und in der Tunke ganz weich kochen. Helle Mehlschwitze herstellen, mit Fleischbrühe auffüllen, die Fleischscheiben, die gekochten, gewiegten Pilze hinzufügen. Wenn das Fleisch weich ist, Tunke mit Zitronensaft und Ei abziehen. Kalbsschnittfleisch im Reisrand anrichten.

Gebratenes Kaninchen

1 Kaninchen	1 Essl. Senf
2 Essl. Salz	1 kleine Zwiebel

50–60 g Speck	1 Essl. Fett
¼ l saure Milch oder Sahne	¼ l Wasser
1 Teel. Mehl	

Fleisch. waschen, häuten, spicken, mit Senf bestreichen. In heißem Fett mit der Zwiebel anschmoren. Kochendes Wasser, nach und nach saure Milch oder Sahne zugießen. Das Fleisch weich schmoren. Die Tunke mit Mehl sämig machen. Das Einlegen in Buttermilch 2–3 Tage vor dem Gebrauch macht das Fleisch noch kräftiger.

KÖNIGSBERGER KLOPS MIT SARDELLENTUNKE

¾ Pfd. gewiegtes Rind- und Schweinefleisch	1 Essl. Salz	1 Prise Pfeffer	1 Stück Zwiebel
Zitronenschale	1 Brötchen	½ Ei	2 Sardellen
Tunke	3 Essl. Fett	3 Essl. Mehl	reichlich ½ l Wasser
	½ Teel. Salz	Fleischgewürze	½ Teel. Senf
	2 Sardellen	½ Teel. Kapern	Zitronensaft, ½ Ei

Gewiegtes Fleisch mit eingeweichtem, ausgedrücktem Brötchen, Salz, abgeriebener Zitronenschale, gewiegter Zwiebel, entgräteten, gewiegten Sardellen, dem halben Ei gut mischen und zu 8 Klößen formen. Eine helle Mehlschwitze herstellen, Gewürze hinzufügen, Klöße 8 Minuten zugedeckt in der Tunke ziehen lassen, diese mit Senf, gewiegten Kapern, gewiegten Sardellen, Zitronensaft und zuletzt mit dem halben Ei abschmecken.

GEBRATENES KUHEUTER

1 Pfd. Kuheuter	1½ l Wasser	½ Essl. Salz
Wurzelwerk	Fleischgewürz	1 Ei
1 Essl. Wasser	2 Essl. Mehl	2 Essl. geriebene Semmel
Bratfett		

Fleisch mit Salz abreiben, waschen, mit kochendem Salzwasser und den Gewürzen ansetzen, 3–4 Stunden langsam kochen. Fleisch in Scheiben schneiden, in Mehl, Ei, Semmel wenden und in heißem Fett goldbraun braten.

GEBRATENE LEBER

¾ Pfd. Kalbsleber	½ Teel. Salz
1 Prise Pfeffer	2 Essl. Mehl
(1 Ei, 1 Essl. Wasser)	4 Essl. geriebene Semmel
¼ Pfd. Butter	Zwiebel

Leber kurze Zeit in kaltes Wasser legen oder mit heißem Wasser überbrühen, Haut und Sehnen entfernen, schnell in fingerdicke Scheiben schneiden. Ei schlagen, mit Salz und Pfeffer mischen, Leberscheiben hineinlegen, dann in Mehl und geriebener Semmel wenden, in heißer Butter auf beiden Seiten braun braten.–In der Butter Zwiebelscheiben goldbraun braten und beim Anrichten verwenden.

LEBERKNÖDEL

¾ Pfd. Rindsleber	1 Scheibe Speck	1 Teel. Majoran
1 Brötchen	1 Ei	1 Stück Zwiebel
1 Teel. Salz	8 Essl. geriebene Semmel	2 l Wasser
		1 Essl. Salz

Rindsleber enthäuten, in Stücke schneiden, einige Male mit dem eingeweichten Brötchen durch die Fleischmaschine treiben, in Würfel geschnittenen, ausgelassenen Speck, gebratene gewiegte Zwiebel, gewiegten Majoran, Salz, Ei, geriebene Semmel daruntermischen, mit angefeuchteten Händen aus der Masse 8 Klöße formen (oder mit dem Löffel abstechen).

Diese ins kochende Salzwasser geben, 10 Minuten offen kochen und 5 Minuten zugedeckt ziehen lassen.

Saure Nieren (Leber)

3–4 Schweinsnieren (1 Pfd. Leber)	1 Teel. Salz	1 Prise Pfeffer
2 Essl. Fett	30 g Speck	1 Essl. Mehl
⅜ l Wasser	1 Essl. Zitronensaft (Essig)	

Nieren abschaben, in dünne Scheiben schneiden, in heißem Fett und Speck anbraten. Das Mehl darüberstäuben, kochendes Wasser zugießen, ½–¾ Stunde schmoren lassen. Zuletzt mit Zitronensaft abschmecken.

Pichelsteiner Fleisch

1 Pfd. Rind-, Kalb- oder Schweinefleisch	1 Teel. Salz	1 Prise Pfeffer
1 Stück Zwiebel	¾ Pfd. Möhren	1 Stück Sellerie
¾ Pfd. Kohlrabi (einige Pilze)	1 Essl. gewiegte Petersilie	
	1 Pfd. Kartoffeln	
4–5 Essl. Fett	¼ l Wasser oder Fleischbrühe	

Gemüse zuputzen und in Scheiben schneiden, desgleichen die vorbereiteten Kartoffeln. Fleisch in Stücke schneiden, mit Salz und Pfeffer bestreuen. Fett in einer Puddingform (Dampftopf) heiß werden lassen. Kartoffeln, Fleisch, Gemüse (Pilze), Zwiebeln einschichten, oberste Schicht Kartoffeln. Wasser oder Fleischbrühe darübergießen. Das Gericht 1½–2 Stunden im Wasserbade fest verschlossen dämpfen lassen und dann stürzen, mit gewiegter Petersilie anrichten.

Pökelschweinsknochen (Zu Sauerkraut)

1½ Pfd. Pökelschweinsknochen	2 l Wasser	Fleischgewürz

Schweinsknochen waschen, wenn nötig einige Stunden wässern, mit kaltem Wasser aufsetzen, Fleischgewürze hinzufügen, 2½ Stunden kochen lassen. Bei der Zugabe von Salz vorsichtig sein.

Rauchfleisch

| 1 Pfd. Rauchfleisch | 1½ l Wasser | Wurzelwerk |

Fleisch waschen, mit kochendem Wasser und dem Wurzelwerk ansetzen, langsam weich kochen.

Rind- und Schöpsenfleisch

1 Pfd. Rindfleisch (Schöpsenfleisch)

| 1½–2 l Wasser | 1 Essl. Salz |
| ¼ Pfd. Knochen | Fleischgewürz und Wurzelwerk |

Knochen waschen, in kaltem Wasser ansetzen, zum Kochen bringen, dann Salz, Fleischgewürz, Wurzelwerk und das geklopfte, gewaschene Fleisch hineingeben, 2 Stunden zugedeckt langsam kochen lassen.

Rindfleischrollen

1 Pfd. Rindfleisch (4–5 Scheiben)

1 Teel. Salz	1 Prise Pfeffer
1 kleine Zwiebel	½ Teel. Senf
50 g Speck	1 Essl. Mehl
4 Essl. Fett	⅜ l Wasser

Fleisch vorsichtig abschaben, klopfen, mit Senf bestreichen, mit Salz, Pfeffer und feingewiegter Zwiebel bestreuen, mit Speckscheiben belegen. Die Fleischscheiben zusammenrollen, mit weißem Faden zubinden (Klammern verwenden), in heißem Fett dunkelbraun anbraten, kochendes Wasser zugießen. Das Fleisch langsam und zugedeckt 1½ Stunde schmoren lassen. Vor dem Anrichten die Fäden entfernen. Die Tunke nach Belieben mit saurer Sahne abschmecken und mit angerührtem Mehl sämig machen.

Rindsgulasch (Würzfleisch)

1 Pfd. Rindfleisch ohne Bein

1 Essl. Salz	1 Prise Pfeffer
4 Essl. Fett	30 g Speck
1 Stück Zwiebel	1½ Essl. Mehl
½ l Wasser oder Fleischbrühe	1 Teel. Zitronensaft (saure Sahne)

Fleisch klopfen, in große Würfel schneiden, in Salz und Pfeffer wenden, in zerlassenem Speck und Fett braun braten, Mehl darüberstäuben und bräunen, gewiegte Zwiebel, kochendes Wasser (Fleischbrühe) hinzufügen und 2 Stunden zugedeckt schmoren lassen, mit Zitronensaft oder saurer Sahne abschmecken.

Garnierte Rindslende

1 Pfd. Lende	3 Essl. saure Sahne
30 g Speck	1 Teel. Salz
Zitronensaft	3 Essl. Fett
⅛ l Wasser	1 Essl. Mehl

Lende häuten, spicken oder mit Speckscheiben belegen, mit Salz bestreuen, in heißem Fett ¾ Stunde bei starker Hitze braten, kochendes Wasser, saure Sahne zugeben und öfters begießen, zuletzt angerührtes Mehl und Zitronensaft an die Tunke geben. Die Lende auf einem erwärmten Bratenteller garnieren, z.B. mit Spargel, Pilzen, gefüllten Tomaten, kleinen Häufchen goldbrauner Kartoffelbällchen und gewiegter Petersilie.

Rindsrücken (Roastbeef) auf dem Grill

1½ Pfd. Rindsrücken	⅛ l saure Sahne
50 g Speck	1 Essl. Mehl

| 1 Teel. Salz | 1 Prise Pfeffer | |
| Saft von ½ Zitrone | | |

Das Fleisch auf dem Rost bei voller Flamme so hoch wie möglich in der Röhre braten. Nach erfolgter Bräunung das Fleisch wenden, mit kochendem Wasser begießen und mit Speckscheiben belegen. Den Braten tiefer setzen und bei kleingestellter Flamme ungefähr 1 Stunde braten. Zuletzt mit saurer Sahne begießen. Die in der Pfanne gewonnene Tunke mit Mehl sämig machen, mit Wasser auffüllen und mit Salz, Pfeffer und Zitronensaft abschmecken.

RINDERSCHMORBRATEN (2 MAHLZEITEN)

2 Pfd. Rindfleisch (Oberschale)	25 g Speck	
1 Teel. Salz	1 Prise Pfeffer	3 Essl. Fett
Fleischgewürz und Wurzelwerk	½ l Wasser	1 Essl. Mehl

Fleisch vorsichtig abschaben und klopfen. Speck in Streifen schneiden, in Salz und Pfeffer einwickeln, das Fleisch spicken und braun braten. Fleischgewürz und Wurzelwerk kurze Zeit mit anschmoren, kochendes Wasser zugießen. Den Braten 2 Stunden langsam und zugedeckt schmoren. Die Tunke mit Mehl sämig machen und durchschlagen.

SAUERBRATEN (2 MAHLZEITEN)

2 Pfd. Rindfleisch (Oberschale)	¼ l Essig	¾ l Wasser
Fleischgewürze	Wurzelwerk	50 g Speck
1 Essl. Salz	1 Prise Pfeffer	1 Stück braunen Pfefferkuchen
Fett zum Braten	1 Essl. Kartoffelmehl	

Fleisch klopfen, waschen, in einen Steintopf legen, Essig mit Wasser und Fleischgewürz aufkochen, über das Fleisch gießen, 3–6 Tage stehen lassen. Am Tage des Gebrauchs das Fleisch spicken, anbraten,

Fleischgewürz, Wurzelwerk, die Einlegflüssigkeit heiß zugeben, langsam weichschmoren lassen und den geriebenen braunen Pfefferkuchen zugeben. Die Tunke mit dem angerührten Kartoffelmehl sämig machen.

WIENER SCHNITZEL

1 Pfd. Kalbsschnitzel	1 Teel. Salz	1 Prise Pfeffer	1 Ei
1 Essl. Mehl	1 Essl. geriebene Semmel	¼ Pfd. Butter	
Zum Garnieren	Gurken	Kapern	
	Sardelle	Zitrone	

Fleisch klopfen, mit Salz und Pfeffer bestreuen, in Mehl, Ei und Semmel einwickeln. In heißem Fett goldbraun braten. Die fertigen Schnitzel mit Gurkenscheiben, Sardelle, Kapern und Zitrone garnieren.

SCHWEINEBRATEN

1 Pfd. Schweinefleisch (Keule, Kamm oder Kotelettstück)

1 Essl. Salz	1 Prise Pfeffer
½ l Wasser	Fleischgewürz
Wurzelwerk	1 Stängel Beifuß oder Majoran
1 Essl. Weizenmehl	2 Essl. Wasser

Schweinefleisch abschaben, klopfen, mit Salz und Pfeffer bestreuen, mit wenig kochendem Wasser ansetzen, dieses verdampfen lassen, dann im eigenen Fett auf allen Seiten anbraten (in der Röhre), Gewürze, kochendes Wasser hinzugeben. 1½ Stunde zugedeckt schmoren lassen, die Tunke mit angerührtem Mehl sämig machen.

SCHWEINSLENDE

1 Pfd. Schweinslende	25 g Speck	1 Prise Pfeffer
1 Teel. Salz	3 Essl. Butter	Fleischgewürz

¼ l Wasser	5 Essl. saure Sahne oder Buttermilch	1 Teel. Mehl
Zitronensaft		

Speck in Streifen schneiden, mit Pfeffer und Salz würzen, Lende häuten und spicken, anbraten und Fleischgewürz zugeben. Nach und nach kochendes Wasser zugießen, ¾ Stunde schmoren lassen. Inzwischen saure Sahne oder Buttermilch hinzufügen, die Lende öfters begießen und die Tunke mit Mehl sämig machen und abschmecken.

SCHWEINSRIPPCHEN

1 Pfd. Schweinsrippchen (3–4 Stück)	1 Essl. Salz
1 Prise Pfeffer	1 Ei
1 Essl. Wasser	1 Essl. Mehl
3 Essl. geriebene Semmel	Fett zum Braten

Ei mit Wasser schlagen, Fleisch abschaben, klopfen, mit Salz und Pfeffer bestreuen, in Mehl, Ei, Semmel wenden, in dampfendem Fett goldbraun raten.

SÜLZE

1 Kalbsfuß	½ Pfd. Pökelfleisch (Dickbein)
½ Pfd. Kalbfleisch	¼ Pfd. Schweineschwarten
2 l Wasser	Fleischgewürz
Wurzelwerk	6 Essl. Essig
Zitronenschale und -saft	1 saure Gurke

Fleisch waschen, Kalbsfuß und Schweineschwarten mit 1½ l kaltem Wasser und den Gewürzen zum Kochen bringen, dann das Kalbfleisch hinzufügen und alles zusammen langsam weich kochen. Pökelfleisch mit ½ l Wasser ohne Gewürze ansetzen. Kochzeit 1½–2 Stunden.

Das weiche Fleisch in Würfel schneiden, die Fleischbrühe durch ein Sieb gießen. Fleisch, geschnittene Gurke, Essig, Zitronenschale hinzufügen, nochmals aufkochen, mit Zitronensaft abschmecken, in eine mit Öl ausgestrichene Form füllen, erstarren lassen, dann stürzen.

GEFÜLLTER WIEGEBRATEN

1 Pfd. gewiegtes Rind- und Schweinefleisch

1 Teel. Salz	1 Prise Pfeffer	1 Stück Zwiebel
1 Brötchen	2 Essl. Wasser	1 Ei
1 Stück Zitronenschale	2 Essl. geriebene Semmel zum Einwickeln	5 Essl. Fett zum Braten
1 Teel. Mehl	¼ l Wasser	1 Teel. Zitronensaft

Fleisch mit den Gewürzen und der eingeweichten Semmel gut vermischen. Aus der Masse einen länglich runden Braten formen, in die Mitte das hartgekochte Ei eindrücken, in geriebene Semmel einwickeln, in heißem Fett anbraten, kochendes Wasser und Zitronenschale zugeben. Das Fleisch 1 Stunde schmoren lassen. Die Tunke zuletzt mit angerührtem Mehl sämig machen und mit Salz und Zitronensaft abschmecken.

WIENER ROULADE

½ Pfd. gewiegtes Rind- und Schweinefleisch

½ Teel. Salz	1 Prise Pfeffer	1 Stück Zwiebel
½ Brötchen	2 Eier	Salz
3 Essl. Wasser (Milch)	Fleischbrühe oder Wasser	1 Teel. Butter
1 Teel. Mehl	Zitronensaft	Pergamentpapier

Gewiegtes Fleisch mit dem eingeweichten Brötchen und den Gewürzen auf einem angefeuchteten Brett gut vermischen und flach ausstreichen. Auf die Masse das Rührei streichen, gut zusammenrollen und die Ränder mit Wasser verkleben. Die Rolle einwickeln in ein mit Butter bestrichenes Pergamentpapier, dann noch einmal in ein angefeuchtetes. Die Rolle in Fleischbrühe oder Wasser geben und 1 Stunde kochen. Die Tunke sämig machen und mit Zitronensaft abschmecken.

Würzfleisch in Muscheln (ungefähr 10 Muscheln)

200 g Kalbsmilch	½ Pfd. Kalbfleisch	1 frische Kalbszunge
Fleischgewürz	4 Essl. Mehl	4 Essl. Madeirawein
1 Ei	4 Essl. Butter	Krebsbutter
2–3 Sardellen	Fleischbrühe	Zitronensaft und -schale
3 Essl. Butter	Parmesankäse	1 Stück Zwiebel
1 Teel. Salz	Kapern	geriebene Semmel

K a l b s m i l c h wässern (Wasser öfters erneuern), mit kaltem Salzwasser ansetzen, bis zum Kochen bringen, dann abgießen, von neuem ansetzen, 20 Minuten kochen lassen, Kalbsmilch abschrecken, Haut abziehen, in kleine Würfel schneiden. K a l b s z u n g e und K a l b f l e i s c h waschen, zusammen in kochendem Salzwasser mit Fleischgewürzen aufsetzen, ungefähr 2 Stunden kochen lassen. Die Kalbszunge mit kaltem Wasser abschrecken, Haut abziehen, Knorpel und Sehnen entfernen, Zunge und Kalbfleisch in kleine Würfel schneiden oder grob wiegen.

Helle Mehlschwitze herstellen, auffüllen mit Fleischbrühe, in Butter gedünstete gewiegte Zwiebel, gewässerte gewiegte Sardellen, geteilte eingelegte Champignons, Salz, Zitronenschale und -saft hinzufügen. Zuletzt die Tunke mit Ei und Wein abschmecken, alles gut verrühren. Die Fleischwürfel in die Tunke geben, eine Zeit lang gut durchziehen lassen. In die Muscheln zerlassene Krebsbutter geben (mit Butter verrührt) das Würzfleisch hineinfüllen, mit geriebenem Käse, feingeriebener, gesiebter Semmel bestreuen, 10 Minuten in der Röhre überbacken. Mit Kapern und Zitronenscheiben garniert warm zu Tisch bringen.

Zunge mit Spargel

2 Kalbszungen, gepökelt (ungefähr 1½ Pfd.)	1 l Wasser, Salz wenn nötig	1½ Pfd. Spargel
¾ l Wasser	1 Teel. Salz	¼ Pfd. Butter

Zungen gut waschen, mit kochendem Wasser aufsetzen und weich kochen. Die starke Haut abziehen. Die Zunge in der Brühe wieder erwärmen. Den Spargel waschen, er in Salzwasser weich kochen. Beim Anrichten mit etwas zerlassener Butter begießen. Die übrige Butter dazu reichen. Zungenbrühe und Gemüsewasser zur Zubereitung einer Suppe verwenden.

FISCHE

FISCHE SCHLACHTEN

Holzbrett, Fleischklopfer, scharfes spitzes Messer zurechtlegen. Fisch mit festem Griff aus dem Wasser herausnehmen (eventuell mit Hilfe eines Tuches). Fisch unter den Kiemen festhalten, mit einem Fleischklopfer auf den Kopf des Fisches schlagen, dass er gleich betäubt wird. Mit einem spitzen Messer auf dem Kopf des Fisches tief einstechen, Kopf durchschneiden. Unterhalb des Kopfes etwas einschneiden. Vorsicht wegen der Galle! Bauchhöhle aufschneiden, Eingeweide herausnehmen. Große Fische wie Karpfen in 2 Hälften teilen, schnell waschen.

FISCHE BLÄUEN
KARPFEN, SCHLEIE, FORELLE, AAL

Fische vorbereiten wie vorher. Nicht abschuppen, schnell waschen, um den Schleim nicht zu zerstören. Fische in eine Schüssel nebeneinander hinlegen, mit verdünntem, kochendem Essig übergießen, eine Weile in Zugluft stehen lassen, um die blaue Farbe zu erhöhen.

FISCHE KOCHEN

Kochzeit je nach Größe und Art 15–40 Minuten, die übrige Zeit nur ziehen lassen. Ins kochende gewürzte Wasser geben, kurz aufkochen und die übrige Zeit ziehen lassen. Fischkocher verwenden.

Fisch im Wasserbad kochen

Fisch reinigen, mit Salz und Pfeffer einreiben, in einen Topf legen, mit Zitronensaft beträufeln, Fischgewürz daraufgeben, den gut verschlossenen Topf in einen größeren stellen, diesen zur Hälfte mit Wasser füllen, auch zudecken. ½–¾ Stunde im eigenen Saft dämpfen lassen.

Einfacher ist diese Art der Zubereitung auf zugedecktem Teller über kochendem Wasser oder im Küchenwunder.

Gebackene und gebratene Fische

Grüne Heringe und fettarme Fische (Seehecht, Seezander, Schellfisch, Kabeljau, Dorsch). Kleinere Fische oder Fischstücke verwenden. Fischfleisch gut einsalzen (auf 1 Pfund Fisch 1 Esslöffel Salz). Wohlschmeckender machen durch Beträufeln mit Zitronensaft. In Mehl wenden, dann in Eiweiß und geriebene Semmel einhüllen und schnell braten oder backen, um die Form zu erhalten. Als Beilage: Kartoffelsalat, Kartoffelmus, Salzkartoffeln oder Kräutertunke.

Fisch auf dem Grill im Gasofen

2 Pfd. Fisch	Zitronensaft
2 Essl. Salz	Pergamentpapier
Wurzelwerk	kaltes Wasser

Den vorbereiteten Fisch waschen und einsalzen, mit Zitronensaft beträufeln und mit kleingeschnittenem Wurzelwerk in eine Hülle von angefeuchtetem Pergamentpapier locker einwickeln (Fisch nicht berühren). Den Gasofen mit großer Flamme 5 Minuten vorheizen, die Mulde mit Wasser füllen. Den Fisch auf den Grill legen, bei kleiner Flamme in den Ofen einschieben, alle 10 Minuten mit heißem Wasser übergießen (dadurch das Brüchigwerden des Papiers vermeiden).

Bratzeit: 30 Minuten. Beim Entfernen der Hülle den Saft auffangen und zu einer Zitronentunke verwenden.

GEKOCHTER FLUSSFISCH

HECHT, ZANDER, SCHLEIE, FORELLE, KARPFEN, LACHS, AAL

| 2 Pfd. Fisch | 1½ l Wasser | 2 Essl. Salz | Fischgewürz |
| 1 Lorbeerblatt | 2 Gewürzkörner | 1 Nelke | etwas Wurzelwerk |

Fisch bläuen. Wasser mit allen Gewürzen zum Kochen bringen, 15 Minuten kochen lassen. Fisch- oder Fischstücke hineintun, im offenen Topf einmal aufkochen, im geschlossenen Topf 10–15 Minuten ziehen lassen. Fisch auf einer Platte anrichten, mit Zitronenscheiben, Petersilie oder Salat (Stauden–Rapünzchen–Endivien) oder mit Tomaten verzieren. Als Zuspeise: Salzkartoffeln, gebräunte Butter, Rotkraut oder Senf-, Tomaten-, Meerrettich-, Dill-, Kräutertunke.

GEDÄMPFTER FISCH (SCHELLFISCH, KABELJAU)

2 Pfd. Fisch	2 Essl. Salz
3 Essl. Fett	1 Prise Pfeffer
⅛ l Wasser	⅛ l Milch
1 Zwiebel und Wurzelwerk	1 Essl. Mehl
2 Essl. Zitronensaft	1 Essl. Wasser

Fisch vorbereiten, waschen, abtrocknen, mit Salz und Pfeffer bestreuen, mit Zitronensaft beträufeln, kurze Zeit stehen lassen. Fisch in der Pfanne mit dampfendem Fett begießen, gewiegte Zwiebel und kleingeschnittenes Wurzelwerk hinzufügen, Fisch auf beiden Seiten anbräunen, dann kochendes Wasser und kochende Milch zugießen. Im geschlossenen Topf 30–40 Minuten schmoren lassen. Die Tunke zuletzt mit Mehl sämig machen. Schalkartoffeln dazu.

GESPICKTER FISCH (HECHT, SCHELL-FISCH, KABELJAU, ZANDER)

2 Pfd. Seefisch

2 Essl. Salz

⅛ Pfd. Speck

1 Essl. Kartoffelmehl

1 Essl. kaltes Wasser

¼ l kochendes Wasser

8 Essl. saure Milch oder Sahne

2 Essl. Fett

Fischgewürz

Fisch abschuppen, ausputzen, waschen, innen und außen mit Salz abreiben, auf beiden Seiten des Rückens spicken. Fisch in eine Pfanne legen, mit dampfendem Fett übergießen, Gewürz, kochendes Wasser und Milch oder Sahne zugeben, 30–40 Minuten in der Bratröhre unter öfterem Begießen schmoren. Die Tunke zuletzt durch ein Sieb gießen, Kartoffelmehl mit 1 Essl. kaltem Wasser glatt rühren, an die kochende Tunke geben, einmal aufkochen lassen.

GEBRATENE FISCHKLÖSSCHEN (VON ROHEM ODER GEKOCHTEM FISCH)

1½ Pfd. Fischfleisch

1 Zwiebel

1 Brötchen

1 Essl. Salz

etwas geriebene Zitronenschale

1 Ei

25 g Speck

1 Ei

1 Prise Pfeffer

3–4 Essl. Fett zum Braten

3–4 Essl. geriebene Semmel

Fisch vorbereiten, häuten, entgräten, mit Zwiebel und Speck fein wiegen, mit Ei, Brötchen, Salz und Pfeffer mischen, 6–8 Klößchen formen, in Ei und Semmel wälzen, in dampfendem Fett auf beiden Seiten goldbraun braten. Als Zuspeise: Weinkraut, Rotkraut, Sauerkraut, Grünkohl, verschiedene Salate, Senf- oder Kräutertunke und Kartoffelmus oder Kartoffelsalat.

FISCHKOTELETTS

2 Pfd. Fischscheiben (Filet)

1 Ei	1 Essl. Wasser
2 Essl. Salz	1 Prise Pfeffer
5 Essl. Semmelmehl	2 Essl. Zitronensaft
(1 Essl. Mehl, 4 Essl. geriebene Semmel)	4 Essl. Fett zum Braten

Fisch vorbereiten, in Scheiben schneiden (am besten geschnitten kaufen), mit Salz und Pfeffer bestreuen, mit Zitronensaft beträufeln, 1 Stunde zugedeckt stehen lassen, Dann mit einem Tuch abtrocknen, in 3 Esslöffel Mehl wenden, in dem mit Wasser verquirlten Ei und in dem Semmelmehl wenden. In dampfendem Fett auf beiden Seiten goldbraun braten oder auch schwimmend im Fett backen. Als Zuspeise: Kartoffelmus, Kartoffelsalat.

FISCHRAGOUT

2 Pfd. Fisch	1 Essl. Salz
3 Gewürzkörner	1 Prise Pfeffer
½ l Wasser	80 g Speck
40 g Mehl	4 Essl. Essig
1 Stück Zwiebel	1 Lorbeerblatt
(1 Teel. Maggi)	

Aus Speck, Mehl, Zwiebel eine dunkle Mehlschwitze herstellen, gut abschmecken, den entgräteten, zerpflückten Fisch mit Salz und Pfeffer bestreuen, 10 Minuten stehen und in der fertigen Tunke gar werden lassen.

FISCHROLLEN

1 Teel. Senf	Tunke:
1 Pfd. Fischfilet	200 g Tomaten

40 g Speck	3 Essl. Butter
1 Teel. Salz	2 Essl. Mehl
1 Stück Zwiebel	⅜ l Wasser
	Salz nach Geschmack

Fischfilet in dünne Scheiben schneiden. Speck und Zwiebel ganz fein schneiden. Filetscheiben mit Senf bestreichen, mit Speck, Zwiebel und Salz bestreuen, zusammenwickeln, zubinden und in einen Topf legen.–Tomaten 1 Minute in kochendes Wasser legen, schälen, schneiden. Butter zum Dampfen bringen, Tomaten und Mehl hineingeben, durchschwitzen lassen, mit Wasser auffüllen, gut aufkochen lassen. Die fertige Tunke über die Fischrollen geben und 20 Minuten ganz langsam kochen lassen.

FISCHSALAT

1 Pfd. gekochten Seefisch	1 Teel. Salz
⅛ l Essig	1 Prise Pfeffer
⅛ l Fischwasser	1 Essl. Öl
	1 Stück Zwiebel

Den gekochten Fisch von Haut und Gräten befreien, zerpflücken, mit den Zutaten vermischen, durchziehen lassen. Verfeinern durch Mayonnaise.

HERINGSSALAT

2 gewässerte Salzheringe	2 Essl. Tafelöl
1 saure Gurke	4–6 Essl. verdünnten Essig
1–2 Äpfel	1 Prise Pfeffer
1 Zwiebel	

Heringe waschen, ausputzen, häuten, entgräten, in Würfel schneiden und mit Essig, Öl, Pfeffer verrühren. Gurke schälen, klein schneiden.

Zwiebel fein wiegen, Äpfel mit Schale reiben. Dann alle Zutaten gut vermischen und durchziehen lassen.

Heringssalat kann auch mit Kartoffelsalat vermengt werden. Zum Verzieren dienen rote Rübe, gekochtes Ei, Pfeffergurke, Kapern, Sardellen, Radieschen, Petersilie.

HERINGE MARINIERT

4 milchene Salzheringe	2 Nelken
⅛ l Milch	½ Lorbeerblatt
⅜ l verdünnten Essig	1 saure Gurke
1 Zwiebel	1–2 Teel. Tafelöl
4 Pfefferkörner	1 Zitrone

Heringe waschen, 24 Stunden wässern (Wasser dabei oft erneuern– Heringsmilch besonders einwässern). Dann die Heringe noch einmal waschen, dabei Schuppen abstreifen, Eingeweide entfernen und die Bauchhöhle sauber ausschaben. Die Heringe mit geschnittener Zwiebel, Gurke und Gewürzen schichtenweise einlegen. Heringsmilch fein wiegen, mit Milch und Essig verquirlen, durch ein Sieb über die Heringe gießen. Zwei bis vier Tag stehen lassen, mit Zitronenscheiben anrichten.

R o l l h e r i n g e : Heringe in Hälften teilen, häuten, entgräten, mit Senf und gewiegter Zwiebel bestreichen, zusammenrollen, mit zugespitzten Holzstäbchen durchstechen und als Rollmöpse marinieren.

KARPFEN POLNISCH

2–2½ Pfd. Karpfen	2 Zitronenscheiben
3 Essl. Fett	1 Stück braunen Pfefferkuchen
1 mittelgroße Zwiebel	2 Essl. Essig oder Zitronensaft
4 Essl. Mehl	2 Essl. Rotwein
¾ l Braunbier	1½ Essl. Salz

| Fischgewürz | 1 Prise Pfeffer |
| Wurzelwerk | 1 Prise Zucker |

Aus Fett, Mehl und Bier eine dunkle Mehlschwitze herstellen. Die in Scheiben geschnittene Zwiebel, das feingeschnittene Wurzelwerk und das Fischgewürz hinzufügen, den geriebenen Pfefferkuchen mit Essig oder Zitronensaft vermischen und zur Tunke geben. (Das Karpfenblut mit etwas Essig verquirlen und ebenso zugeben.) Die Tunke 20 Minuten kochen lassen, durch ein Sieb streichen. Den vorbereiteten Karpfen in Portionsstücke teilen, mit Salz einreiben und in die kochende Tunke geben, Zitronenscheiben dazwischenlegen, kurz aufkochen und 20–30 Minuten ziehen lassen. Zuletzt mit Zitronensaft, Rotwein, Zucker und Pfeffer abschmecken. Als Zuspeise Salzkartoffeln und Rotkraut geben.

PFANNFISCH

2 Pfd. gekochte Kartoffeln	1 Pfd. gekochten Fisch (Fischreste)	
3 Essl. Fett zum Braten	1 Stück Zwiebel	2 Essl. Senf
¼ l Fischbrühe	1½ Essl. Salz	1 Prise Pfeffer

In einer Pfanne Fett dampfen lassen, die in Scheiben geschnittene Zwiebel und die in Scheiben geschnittenen Kartoffeln darin anbräunen, den zerpflückten Fisch, Salz und Pfeffer zugeben, ¼ l kochende Fischbrühe zugießen, 20 Minuten braten lassen, zuletzt mit Senf oder Buttermilch abschmecken.

GRÜNES GEMÜSE

Der Wert der grünen Gemüse und des Obstes beruht auf ihrem Reichtum an Vitaminen und basischen Salzen, an erfrischenden Fruchtsäuren, Aromastoffen und Zellulose in feinster Form. Sie alle sind notwendig für die Hebung unseres Appetits, für die Regelung der Stoffwechseltätigkeit, für die Drüsentätigkeit, für die Reinigung des Blutes und des Darmes.

Deswegen hat die Hausfrau für die **Erhaltung** der wichtigen Mineralsalze und Ergänzungsstoffe Sorge zu tragen. Durch zu starkes Abschälen und Abschaben, durch zu langes Liegen im Wasser, durch Abbrühen, durch Weggießen des Kochwassers (Spinat), durch zu langes Kochen mit viel Wasser, durch zu langes Dämpfen in der Kochkiste und erneutes Wärmen werden sie entwertet.

Das grüne Gemüse wird am besten in Dampf gar gemacht, wozu man einen Gemüsedämpfer (Vitamintopf) oder Kartoffeldämpfer oder einen Einsatz, den man in einen Kochtopf mit kochendem Wasser stellt, verwendet, Wertvoller werden die grünen Gemüse, wenn man einen Teil **roh** darunter mischt (Spinat, Sauerampfer, Sauerkraut). Je unveränderter die Pflanzenkost genossen wird, desto mehr Sonnenenergie führen wir dem Körper zu, desto gesünder ist sie. (Siehe Rohkost.) Der Genuss von grünem Gemüse und Obst schafft in userm Körper einen Überschuss an Basen, im Gegensatz zum Fleisch, das einen Säureüberschuss veranlasst. Deswegen ergeben die pflanzlichen Nahrungsmittel wertvolle Beigaben zu Fleischspeisen. Ihre mannigfache Verwendung auch zu Suppen und Salaten bringt Abwechslung in den Küchenzettel.

BLUMENKOHLGEMÜSE

1 großer Kopf Blumenkohl	½ l Wasser	½ Essl. Salz
3 Essl. Butter	4 Essl. Mehl	½ l Blumenkohlwasser
1 Eigelb		1 Teel. Zitronensaft

Blumenkohl putzen, kurze Zeit in kaltes Salzwasser legen (wegen Raupen), im Sieb oder Kartoffeldämpfer weichdämpfen (30 Minuten). Aus Butter und Mehl eine helle Mehlschwitze zubereiten, mit ½ l Blumenkohlwasser auffüllen, 10 Minuten kochen lassen, mit Eigelb abziehen, mit Zitronensaft abschmecken. Die Tunke über den Blumenkohl gießen.–½ Tasse saure Sahne verfeinert das Gericht.

BLUMENKOHLAUFLAUF

1 Blumenkohlkopf	Salzwasser
2 Essl. Fett	3 Essl. Mehl
1 Teel. Salz	1–2 Eigelb
1 Teel. Zitronensaft	Butter zum Ausstreichen der Form
1 Essl. geriebene Semmel	1 Essl. geriebenen Käse
Zum Verfeinern: Schinken, Zunge	

Gewaschenen, geputzten Blumenkohl halbweich dämpfen. Aus Fett, Mehl und Gemüsewasser eine helle Tunke zubereiten, mit Ei abziehen, mit Zitronensaft würzen. Auflaufform mit Butter ausstreichen, kleingeschnittenen Schinken oder Zungenwürfel hineinlegen, Blumenkohl daraufgeben. Die Tunke darübergießen, den Auflauf mit Semmel und Käse bestreuen, in der Röhre ¼ Stunde überbacken. In der Auflaufform auf den Tisch bringen.

BOHNENGEMÜSE

1½ Pfd. Bohnen	2 Essl. Mehl
4 Essl. Butter	½ l Wasser
1 Teel. Salz	1 Zwiebel
1 Stängel Bohnenkraut	Petersilie

Bohnen waschen, abziehen, schnitzeln, mit fein geschnittener Zwiebel in Butter andünsten, Mehl darüber stäuben. Salz, Bohnenkraut, kochendes Wasser zugeben und weich kochen lassen. Zuletzt Bohnenkraut herausnehmen, die Bohnen mit Petersilie würzen.

GEFÜLLTE KOHLRABI

8 mittelgroße Kohlrabi	1 l Wasser	1 Teel. Salz
125 g gewiegtes Rind- und Schweinefleisch	½ Brötchen	1 Teel. Salz

1 Prise Pfeffer	1 Stück Zwiebel	½ Teel. Kümmelkörner
1 gewiegte Sardelle	6 Essl. Fett	2 Essl. Mehl

Junge zarte Kohlrabi waschen, schälen, eine dicke Scheibe als Deckel abschneiden, aushöhlen. In kochendem Salzwasser ¼ Stunde dämpfen. Das Fleisch mit den Gewürzen und der eingeweichten ausgedrückten Semmel vermischen, den Kohlrabi damit füllen, Deckel darauflegen, zubinden. In heißem Fett anschmoren, Mehl darüber stäuben, Gemüsewasser zugießen, weichdämpfen.

GEMISCHTES GEMÜSE

½ Pfd. Kohlrabi	50 g Butter	½ l Wasser
½ Pfd. Möhren	2 Essl. Mehl	1 Essl. Salz
1 Pfd. Schoten	1 Stück Zwiebel	1 Essl. Petersilie

Kohlrabi und Möhren zuputzen, in Würfel oder Streifen schneiden, beides zusammen in heißer Butter anschmoren, die feingewiegte Zwiebel, Salz und kochendes Wasser, nach ¼ Stunde Kochzeit die Schotenkerne hinzufügen, Das Gemüse weichdämpfen (45 Minuten), dann aufkochen mit dem angerührten Mehl, und gewiegte Petersilie hinzugeben. Blumenkohlröschen, weichgedämpft, und Semmelklößchen zum Garnieren verwenden.

GRÜNKOHL (KRAUSKOHL ODER BRAUNKOHL)

1½ Pfd. Grünkohl	3 Essl. Butter
½ l kochendes Wasser	3 Essl. Mehl
½ Essl. Salz	1 Stück Zwiebel

Die Blätter vom Strunk entfernen, sorgfältig in Salzwasser waschen, dann von den Rippen abstreifen und wiegen. In Butter dünsten, kochendes Wasser und Salz zugeben, ¾ Stunde kochen lassen. Mehl in kaltem Wasser anrühren, das Gericht damit sämig machen.

Gefüllter Krautkopf

1½ Pfd. Weißkraut (1 ganzer Kopf)	1½ l Wasser
1 Essl. Salz	½ Pfd. gewiegtes Fleisch (Rind- und Schweinefleisch)
½ Teel. Kümmelkörner	1 Stück Zwiebel
1 Teel. Salz	25 g Butter

Kraut und Fülle vorbereiten wie bei Krautwickeln. Einen 1½-Liter-topf gut mit Butter ausstreichen, so mit Krautblättern auslegen, dass die Blattspitzen auf dem Boden übereinander liegen, darüber 1 Kraut-blatt, dann eine Schicht Fülle, wieder ein Krautblatt, darauf Fülle usw., obenauf 1 Krautblatt, dann die überstehenden Krautblätter zusam-menfalten, den Topf mit gut schließender Stürze[2] bedecken und den Krautkopf 1 Stunde im Wasserbad kochen, dann stürzen und mit Tomatentunke reichen.

Krautwickel

1½ Pfd. Weißkraut (ein ganzer Kopf)	1 Essl. Salz	1½ l Wasser
½ Pfd. gewiegtes Fleisch (Rind- und Schweinefleisch)	½ Teel. Kümmelkörner	1 Stück Zwiebel
1 Teel. Salz	1 Prise Pfeffer	3 Essl. Mehl
60 g Fett	¼ l Krautwasser	1 Prise Salz

Die schlechten Deckblätter vom Weißkraut entfernen, dieses dann in kochendem Salzwasser 7 Minuten abwellen[3], 12 Blätter vorsichtig ablösen, das übrige Kraut noch 15 Minuten kochen. Die starken Blatt-rippen flach schneiden, die Blätter füllen, zuwickeln, in Mehl umwen-den, in dampfendem Fett rundum bräunen, kochendes Krautwasser zufüllen, Salz zugeben und ¾–1 Stunde schmoren. Die Fülle ist herge-

---

2   Anm. des Verlags: veralteter Begriff für einen flachen Topfdeckel.

3   Anm. des Verlags: veralteter Begriff für blanchieren.

stellt aus gewiegtem Fleisch, dem mit Kümmelkörnern und Zwiebel feingewiegten übrigen Kraut, Salz und Pfeffer. Dazu Salzkartoffeln.

PETERSILIENGEMÜSE MIT WICKELKLÖSSEN

1 Pfd. Kartoffeln	3 Essl. geriebene Semmel
150 g Mehl	½ Essl. gewiegte Petersilie
2 Essl. Milch	1 Teel. geriebenen Meerrettich
1 Ei	2 Essl. Butter
1 Prise Muskat	¾ l Fleischbrühe oder Bratentunke
½ Essl. Salz	½ Brötchen
¼ Pfd. Petersilie	

Die gekochten Kartoffeln reiben, mit Salz, Ei, Muskat und Mehl vermischen und kurze Zeit kneten. Dann den Teig teilen, ½ cm dick ausrollen, in 20 cm lange und 10 cm breite Stücke schneiden, mit gerösteter Semmel, Petersilie und Meerrettich bestreuen, zusammenrollen und die Ränder festdrücken. Die Klöße in kochendes Salzwasser legen, 15 Minuten langsam offen kochen lassen. Brötchen in Scheiben schneiden, mit der kochenden Fleischbrühe überbrühen, mit gewiegter Petersilie vermischen, 10 Minuten ziehen lassen.

PILZGEMÜSE

1½ Pfd. Pilze	1 Teel. Salz
4 Essl. Butter	2 Essl. Mehl
1 Stück Zwiebel	1 l Wasser
	Petersilie

Pilze putzen, gut waschen, schneiden, mit Salz und Zwiebel in Butter ½ Stunde schmoren, Mehl darüber stäuben, kochendes Wasser zugeben, weich kochen lassen, mit gewiegter Petersilie würzen.

ROSENKOHL

1½ Pfd. Rosenkohl	1 kleine Zwiebel
4 Essl. Butter	1 Teel. Salz
2 Essl. Mehl	¼ l Wasser oder Fleischbrühe

Rosenkohl putzen, abspülen, mit feingeschnittener Zwiebel und Salz in Butter andünsten, dann Mehl darüberstäuben und schwenken, nicht rühren, kochende Flüssigkeit zugeben und ½ Stunde schmoren.

ROTKRAUT

1½ Pfd. Rotkraut	50 g Speck	1½ Essl. Weinessig
1 Essl. Zucker	1 Teel. Salz	2 Nelken
⅜ l Wasser	1 kleine Zwiebel	Apfel

Rotkraut ausputzen, hobeln oder fein schneiden, im zerlassenen Speck 2–3 Minuten schmoren, heißen Essig darübergießen, gut umrühren, dann alle übrigen Zutaten zugeben, 1½–2 Stunden kochen lassen.

SAUERKRAUT

1½ Pfd. Sauerkraut	1 Teel. Kümmelkörner
50 g Speck	1 Apfel oder einige Weinbeeren[4]
½ l Wasser	1 Kartoffel
½ Teel. Salz	(⅛ l Apfelwein)
Zwiebel	

Sauerkraut lockern, im Sieb überspülen. Drei Viertel vom Kraut mit der klein geschnittenen Zwiebel und den übrigen Gewürzen in geröstetem Speck anschmoren, dann ½ l kochendes Wasser zugeben und 2

---

4   Anm. des Verlags: veralteter Begriff von Weintrauben.

Stunden kochen. Das weiche Kraut mit roher geriebener Kartoffel vermischen, nochmals aufkochen und mit Wein abschmecken. Zuletzt ein Viertel vom Kraut roh zugeben.

SCHWARZWURZELGEMÜSE

1½ Pfd. Schwarzwurzeln		3 Essl. Butter	
		4 Essl. Mehl	
¾ l Wasser	zum Waschen	⅜ l Gemüsewasser	
1 Essl. Essig		1 Eigelb	

Schwarzwurzeln abschaben, in Essigwasser legen, in Stücke schneiden und wie Spargelgemüse zubereiten.

SPARGELGEMÜSE

1½ Pfd. Spargel	3 Essl. Butter
¾ l Wasser	4 Essl. Mehl
1 Essl. Salz	⅜ l Spargelwasser
1 Eigelb	

Spargel waschen, schälen, in schräge Stücke schneiden, ½ Stunde in Salzwasser kochen, mit dem Schaumlöffel herausnehmen. Eine helle Tunke zubereiten und darin ziehen lassen.

Die Spargelschalen auskochen und zu einer Suppe verwenden.

SPINAT

2 Pfd. Spinat	⅛ l Wasser
60 g Butter	2 Essl. Mehl oder 2 Essl. geriebene Semmel
1 Zwiebel	1½ Teel. Salz

Spinat lesen, waschen, im zugedeckten Topf ohne Wasser dämpfen, bis er zusammenfällt, dann wiegen oder durch den Wolf drehen, in der heißen Butter 5 Minuten dünsten. Die feingewiegte Zwiebel, Salz und kochendes Wasser (Spinatwasser) zugeben, noch 10 Minuten dämpfen lassen, mit Mehl oder geriebener Semmel sämig machen. Unter das fertige Gericht 2 Esslöffel rohen Spinat mischen.

WEINKRAUT

2 Pfd. Weißkraut	50 g Speck	½ Essl. Weinessig
1 Teel. Salz	1 Essl. Zucker	⅛ l Wasser
⅛ l Weißwein (Apfelwein)		

Kraut ausputzen, hobeln, in zerlassenem Speck anschmoren, Essig, Salz, Zucker und kochendes Wasser zugeben, 1½ Stunden dämpfen. Nach der halben Kochzeit den Wein zugeben.

ZWIEBELGEMÜSE

1½ Pfd. Zwiebeln oder Porree	3 Essl. Mehl
1 l Fleischbrühe	¼ l Wasser
	1 Teel. Kümmelkörner

Zwiebeln schälen, in Scheiben schneiden, mit heißer Fleischbrühe und Kümmelkörnern aufsetzen und weich kochen. Das mit kaltem Wasser angerührte und aufgekochte Mehl daruntermischen, das Gericht noch einmal aufkochen.

KARTOFFELGERICHTE

KARTOFFELBÄLLCHEN (ZU BRATEN ODER GEMÜSE)

½ Pfd. Kartoffeln	1 Teel. Salz	1 Prise Muskat
1 Ei	2 Essl. Mehl	2 Essl. geriebene Semmel
Backfett		

Die gekochten Kartoffeln schälen, reiben, mit Salz, Muskat, Eigelb und Mehl vermischen, Teig kneten, Bällchen formen, in geschlagenem Eiweiß und geriebener Semmel wälzen und schwimmend im Fett goldbraun backen.

KARTOFFELMUS

3 Pfd. Kartoffeln	1½ l Wasser
½ l Milch	1 Essl. Salz
1 Zwiebel	2 Essl. Butter oder zerlassenen Speck

Kartoffeln wie Salzkartoffeln ansetzen, ½ Stunde kochen lassen, Wasser abgießen, Kartoffeln zerstampfen oder durchpressen, unter fortwährendem Rühren Milch und, wenn nötig, noch Kochwasser zugeben, dann schaumig schlagen. Zuletzt 2 Essl. Butter oder Speck zufügen. Das Mus mit ½ rohen gewiegten Zwiebel vermischen und mit gebratener Zwiebel anrichten.

KARTOFFELPUFFER

2½ Pfd. Kartoffeln	1 Essl. Salz
1½ Essl. Kartoffelmehl	¼ l Milch oder Buttermilch
Backfett	

Kartoffeln waschen, schälen, reiben, mit den übrigen Zutaten vermengen, eine halbe Schöpfkelle Teig in dampfendes Fett geben, breit streichen und auf beiden Seiten goldbraun backen.

KARTOFFELSALAT I

3 Pfd.- Kartoffeln (Salatkartoffeln	3 Essl. Öl
½ l verdünnten Essig oder Zitronensaft	1 Essl. Salz

| 1 Zwiebel | 1 Prise Pfeffer |
| 1 Essl. gewiegte Petersilie oder Schnittlauch | |

Kartoffeln waschen, kochen, schälen, in Scheiben schneiden, Essig, Öl, Salz, Pfeffer, gewiegte Zwiebel und kleingeschnittenen Schnittlauch zugeben und durchziehen lassen.

KARTOFFELSALAT II

3 Pfd. Kartoffeln	Zur Mayonnaise:	4 Essl. Öl
¼ l verdünnten Essig (Kräuteressig)		2 Essl. Mehl
1 Essl. Salz		1 l verdünnten Essig o. Zitronensaft
1 Prise Pfeffer		1 Prise Pfeffer
1 Zwiebel	1 Prise Salz	2 Eigelb
	(2 Essl. Sahne)	Zitronensaft

Kartoffeln waschen, kochen, schälen, in Scheiben schneiden, mit kochendem Essig übergießen und würzen. Mehl in heißem Öl hellgelb schwitzen, mit Essig glatt rühren, 5 Minuten kochen und dann erkalten lassen, die Gewürze, Eigelb (Sahne) zugeben. Salat mit Mayonnaise vermengen, durchziehen lassen, mit Zitronensaft abschmecken.

KLÖSSE VON GEKOCHTEN KARTOFFELN

3 Pfd. Kartoffeln	½ Pfd. Mehl	1 Ei
1 Essl. Salz	1 Brötchen	1 Essl. Fett
1 Prise Muskat	3 l Wasser	2 Essl. Salz zum Kochen der Klöße

Kartoffeln am Tag vorher kochen, schälen, reiben, mit Salz, Muskat, Mehl und Ei vermengen, kneten, Klöße formen, mit gerösteten Semmelwürfeln füllen, 10 Minuten kochen, 5 Minuten ziehen lassen.

Klösse von rohen Kartoffeln

3½ Pfd. rohe Kartoffeln	1½ Pfd. Kartoffeln
1 Essl. Salz	½ l Wasser zum Kochen der Kartoffeln
1 Brötchen	3 l Wasser
2 Essl. Fett	2 Essl. Salz zum Kochen der Klöße

Kartoffeln waschen, schälen, in eine Schüssel mit Wasser reiben, durch ein Säckchen drücken. Aus den übrigen Kartoffeln ein Mus herstellen. Die durchgedrückten Kartoffeln mit Salz bestreuen, mit dem heißen Kartoffelbrei überbrühen, die Hälfte des abgesetzten Kartoffelmehles zugeben, alles gut vermengen. Aus der Masse mit angefeuchteten Händen Klöße formen, mit gerösteter Semmel füllen, 15 Minuten offen kochen, 5 Minuten ziehen lassen.

Petersilienkartoffeln

3 Pfd. Kartoffeln	3 Essl. Fett	1½ Essl. Mehl
1 Zwiebel	reichlich ¾ l Wasser oder Fleischbrühe	¼ l Milch
1 Essl. Salz	2 Essl. Petersilie	

Kartoffeln waschen, kochen, schälen und in Scheiben schneiden. Aus Fett, Mehl und Zwiebel helle Mehlschwitze herstellen, mit Wasser oder Fleischbrühe und Milch auffüllen, mit Salz abschmecken. Kartoffelscheiben und die gewiegte Petersilie hineingeben, durchziehen lassen. Anstatt Petersilie Schnittlauch, Kerbel, Dill oder Majoran verwenden.

Pflaumenknödel

12–16 Pflaumen	12–16 Stück Würfelzucker	1 Pfd. Kartoffeln
¼ Pfd. Mehl	1 Teel. Butter	1 Teel. Salz
2 l Wasser	1 Essl. Salz	¼ Stück Butter

Pflaumen waschen, halb aufschneiden, entkernen und 1 Stück Zucker hineinlegen. Gekochte Kartoffeln schälen, reiben, mit Mehl, Butter und Salz vermengen, Teig kneten, ausrollen und in Stücke schneiden, Pflaumen hineinwickeln, in Salzwasser 15 Minuten kochen lassen. Beim Anrichten gebräunte Butter darübergießen.

QUARKKÄULCHEN

2 Pfd. gekochte Kartoffeln	½ Pfd. Mehl	4 Essl. Zucker
1 Ei	¾ Pfd. Quark	4 Essl. Korinthen
1 Teel. Salz	¼ abgeriebene Zitronenschale	Fett zum Backen
Zucker zum Bestreuen		

Kartoffeln am Tag vorher kochen, schälen, reiben, Korinthen lesen und waschen. Alle Zutaten vermengen, kneten, teilen, Käulchen formen, auf beiden Seiten hellbraun backen, mit Zucker bestreuen.–Bei Apfelkäulchen an Stelle des Quarks 3 mittelgroße, gehobelte Äpfel verwenden.

TOMATENKARTOFFELN

3 Pfd. Kartoffeln	2 Zwiebeln
1½ Pfd. Tomaten	1 Essl. Salz
30 g Speck	1¼ l Wasser

Tomaten waschen, in Scheiben schneiden, mit der kleingeschnittenen Zwiebel in heißem Speck 10 Minuten dünsten. Die in Scheiben geschnittenen rohen Kartoffeln, Salz und Wasser zugeben, langsam weich kochen.

Trockene Gemüse

Erbsenmus

1 Pfd. Erbsen	1 Teel. Salz
1 Zwiebel	1 l Wasser oder Fleischbrühe
1 altbackenes Brötchen	40 g Speck
2 Essl. Butter	

Erbsen lesen, waschen, 12 Stunden einweichen, mit Einweichwasser und Zwiebel aufsetzen und weich kochen. Die Erbsen verquirlen, durchschlagen, im Wasserbad erwärmen, mit geriebener, gerösteter Semmel und gebratenem Speck anrichten. Erbsen dienen als Ergänzung zu Sauerkraut.

Gräupchen mit Kohlrabi

200 g Gräupchen	1 Essl. gewiegte Petersilie
1 l Wasser	250 g Kohlrabi
1 Essl. Salz	50 g Butter
¼ l kochendes Wasser	

Gräupchen einmal verquirlen, mit kaltem Wasser ansetzen. Nach und nach kochendes Wasser zugießen und ausquellen lassen. Zuletzt Salz, Kohlrabi und Petersilie zugeben.

Kohlrabi schälen, in feine Streifen schneiden, diese in heißer Butter 10 Minuten dämpfen, kochendes Wasser zugießen, weich kochen lassen.

Griessklösse

300 g Grieß	2 Eier	1 Brötchen
½ l Milch	1 Essl. Salz	2 Essl. Butter
2 Essl. Butter	1 Prise Muskat	2 l Wasser
		1 Essl. Salz

Milch mit Butter, Salz kochen, Grieß einstreuen, so lange ausquellen bis sich der Teig vom Topfe löst. Dann etwas abkühlen lassen, Eier daruntermischen, apfelgroße Klöße formen, mit gerösteter Semmel füllen, in kochendes Salzwasser geben, 10 Minuten kochen. In Verbindung mit Kompott oder gebratenem Fleisch zu Tisch geben.

Griessschnitten (10 Stück)

¼ Pfd. Grieß	1 Prise Kümmelkörner
¼ l Wasser	3 Essl. geriebene Semmel zum Einwickeln
1 Teel. Butter	Fett zum Braten
1 Ei	1 Teel. Salz

In das kochende Wasser Butter, Salz und gewiegte Kümmelkörner geben, Grieß einstreuen und ausquellen lassen, das Ei daruntermischen, den Teig etwas auskühlen lassen, auf einem angefeuchteten Brett ausrollen und mit einem Glas Scheiben ausstechen. Diese in Ei und in geriebener Semmel wenden, dann im Tiegel braun braten, mit Schnittlauch bestreuen. Grießschnitten als Beilage zur Rohkost, zu Gemüse und zu Salaten.

Linsen

¾ Pfd. Linsen	1 Zwiebel	1 Essl. Zucker
1 l Wasser oder Fleischbrühe	3 Essl. Mehl	½ Essl. Salz
40 g Speck	2–3 Essl. Essig	

Linsen lesen, waschen, 12 Stunden einweichen, mit Einweichwasser und Zwiebel aufsetzen und 2 Stunden kochen. Das Mehl hellbraun rösten, glatt drücken, mit ⅛ l kaltem Wasser anrühren, zugeben, mit den Linsen noch 10 Minuten kochen. Zuletzt mit Essig, Zucker, Salz und feingewiegter roher Zwiebel abschmecken.

NUDELN

| ½ Pfd. Mehl | 1 Teel. Salz | 1 Prise Muskat | Petersilie |
| 2 Eier | 4 Essl. Milch | 2 l Fleischbrühe | |

Die Eier mit der Flüssigkeit und den Gewürzen verquirlen, mit der Hälfte des Mehles alles gut verrühren und schlagen. Dann das übrige Mehl hinzufügen und kneten. Teig teilen, dünn ausrollen, Nudelkuchen trocknen lassen, in 4 cm breite Streifen schneiden, übereinanderlegen, in feine gleichmäßige Nudeln schneiden, locker aufstreuen, trocknen, in die kochende Fleischbrühe einstreuen, ½ Stunde langsam kochen, mit Petersilie würzen.

REISRAND

| 200 g Reis | ¾ l Wasser | 3 Essl. Butter |
| 1 Prise Muskat | 1 Teel. Salz | Butter zum Ausstreichen der Form |

Reis lesen, abquirlen, in Butter anschwitzen, kochendes Wasser, Salz und Muskat hinzugeben und 1 Stunde unter öfterem Schütteln quellen lassen. Den dicken Reis in eine mit Butter ausgestrichene Ringform geben, fest eindrücken, ungefähr 15 Minuten in der Backröhre überbacken und dann stürzen. Die Mitte des Ringes mit Schnittlauch und Tunke füllen und den Rand mit geschnittenem Wurzelwerk, Pilzen (Morcheln), Semmelklößen, Tomaten verzieren.

SEMMELKLOSS

4 Brötchen	1 Teel. Salz	1 Essl. Butter
¼ l Milch	1 Prise Muskat	1½ l Wasser
2 Eier	2 Essl. Grieß	1 Essl. Salz

Semmel in Scheiben schneiden, mit kochender Milch überbrühen, Salz, Muskat, Grieß, Eier daruntermischen. Ein Tuch brühen, mit Butter bestreichen und geriebener Semmel bestreuen, die Masse auf die Mitte des Tuches geben, dieses zusammenknüpfen, über einen Quirlstab in einen Topf mit kochendem Salzwasser hängen und 1 Stunde kochen lassen. In den Topf eine Stürze oder Untertasse vorher legen, um das Anbrennen des Tuches zu verhindern. Als Beigabe eignen sich Rinderschmorbraten, Rouladen, Gulasch.

EIERSPEISEN

EIERKUCHEN

½ l Milch	1 Prise Salz
3 Eier	½ Pfd. Mehl
1 Essl. Zucker	Fett zum Backen
Zucker zum Bestreuen	

Eidotter, Milch und Gewürze verquirlen, nach und nach das Mehl unter Rühren hinzufügen, ½ Stunde stehen lassen, Eischnee zugeben. Fett im Tiegel erhitzen, die Teigmasse schöpflöffelweise hineingeben, die Eierkuchen auf beiden Seiten hellbraun backen und mit Zucker bestreuen oder mit Marmelade oder Apfelmus bestreichen und zusammenrollen.

KIRSCHEIERKUCHEN

½ Pfd. Mehl	1 Teel. Natron	oder Backpulver
⅜ l Milch	2 Eier	1 Pfd. Kirschen
2 Essl. Zucker		4 Essl. Fett

Die Eidotter mit der Milch verquirlen, unter fortwährendem Rühren zu dem Mehl gießen, den Teig ½ Stunde stehen lassen, Eischnee, Backpulver, Zucker und die gewaschenen, entsteinten Kirschen zugeben. In einer Pfanne Fett heiß werden lassen, den Teig hineingeben und in der Röhre ¾–1 Stunde backen lassen.

NUDELAUFLAUF

½ Pfd. Mehl	2 Eier	4 Essl. Wasser oder Milch
½ Essl. Salz	1 Prise Muskat	150 g Schinken oder ½ Pfd. Pilze
1 Essl. Butter zum Aufstreichen der Form		reichlich ¼ l Milch
2 Eier	1 Essl. Mehl	½ Teel. Salz
½ Brötchen und 20 g Butter	2 Essl. Butter	30 g geriebener Schweizerkäse

Nudelkuchen herstellen, trocknen lassen, in 1 cm breite und 3 cm lange Streifen schneiden, in kochendem Salzwasser 20 Minuten kochen, abgießen und schichtenweise mit gewiegtem, gekochten Schinken oder gekochten, gewiegten Pilzen in eine eingefettete Form geben. Milch, Eier, Mehl, Salz verquirlen und über die Nudeln gießen, Butterflöckchen daraufgeben, geröstete geriebene Semmel darüber streuen und 1 Stunde backen lassen. Mit geriebenem Käse warm zu Tisch geben.

RÜHREI

4 Eier	1 Essl. Mehl
¼ l Milch	½ Teel. Salz
3 Essl. Butter	

Eier mit Milch, Salz und Mehl verquirlen und in heiße Butter gießen. Sobald die Flüssigkeit gerinnt, einige Male vom Boden leicht ablösen, dass eine flockige Masse entsteht. Gewiegter Schnittlauch erhöht den Wohlgeschmack.

SALATE

BLUMENKOHLSALAT (SPARGELSALAT)

1 Blumenkohl	Wasser	½ Teel. Salz
1 Prise Zucker	1 Teel. Butter	Gemüsewasser
Zitronensaft oder Essig		1 Teel. Salz
2 Essl. Öl		

Blumenkohl putzen, in Blumen teilen und abspülen. Wasser mit Salz, Zucker, Butter kochen, den Blumenkohl weichdämpfen. Einen Teil des Gemüsewassers mischen mit Zitronensaft (Essig), Öl und Salz. Den Blumenkohl in die Salattunke geben und gut durchziehen lassen.–Spargel waschen, schälen, in schräge Stücke schneiden und dämpfen, mit dem gewürzten Gemüsewasser durchziehen lassen.

BOHNENSALAT

1 Pfd. grüne Bohnen	1 Essl. Essig oder Zitronensaft	
½ l Wasser	1 Prise Pfeffer	1 Essl. Öl
1 Teel. Salz	1 Teel. Petersilie	1 Stück Zwiebel

Bohnen waschen, abziehen, schneiden, in Salzwasser weich kochen, abgießen, mit den Zutaten vermischen, durchziehen lassen, mit Petersilie anrichten.

GEMÜSESALAT

½ Blumenkohl	1 l Wasser	3 Essl. Öl
1 kleinen Sellerie	½ Essl. Salz	1 Teel. Salz

¼ Pfd. Möhren	½ Teel. Zucker	1 Stück Zwiebel
¼ Pfd. Bohnen	¼ l Gemüsewasser	Petersilie (Schnittlauch)
½ Pfd. Schoten	Saft 1 Zitrone	

Den gewaschenen Blumenkohl putzen und in Röschen teilen. Möhren und Sellerie waschen, abschaben, abspülen und in Streifen schneiden. Bohnen waschen, Fäden abziehen und schnitzeln, Schotenkerne waschen.

Die vorbereiteten Gemüse weichdämpfen, das Gemüsewasser mit Zitronensaft oder Essig, Salz, Öl, gewiegter Zwiebel mischen, mit dem Gemüse vermengen. Den Salat gut durchziehen lassen und mit gewiegter Petersilie oder Schnittlauch anrichten. Mayonnaise verfeinert den Geschmack.

GURKENSALAT

| 1 große Gurke | 1 Essl. Zitronensaft | 1 Prise Zucker |
| 1 Teel. Salz | 1 Prise Pfeffer | 1 Essl. Öl |

Gurke waschen, schälen, hobeln oder fein schneiden, mit allen Zutaten vermischen, durchziehen lassen. Anstatt Zitronensaft saure Sahne oder Joghurt verwenden.

ROTRÜBENSALAT

1 Pfd. rote Rüben	1 l Wasser	1 Essl. Salz
1 Prise Kümmelkörner	verdünnten Essig oder Zitronensaft	1 Essl. Öl
1 Zwiebel	1 Teel. Zucker	1 Teel. Salz
1 Stück Meerrettich	1 Teel. Kümmelkörner	

Die gut gewaschenen. roten Rüben mit kochendem Salzwasser und Kümmelkörnern ansetzen und ohne hineinzustechen weich kochen (ungefähr 2 Stunden). Dann mit kaltem Wasser übergießen, schälen und in Scheiben schneiden. Salattunke herstellen, geriebenen Meerrettich hinzufügen, Scheiben hineingeben, durchziehen lassen.

Rotrübenmus: Die gekochten roten Rüben abziehen und reiben, gewiegte Zwiebel, 2 geriebene säuerliche Äpfel, Öl, Salz, Kümmelkörner, nach Geschmack Zitronensaft oder verdünnten Essig an das Mus geben.

SELLERIESALAT

1 große Sellerieknolle	reichlich ¼ l Wasser	½ Essl. Salz
1 Teel. Zucker	5 Essl. Essig	2 Essl. Öl
1 Prise Pfeffer	Petersilie	

Sellerieknolle putzen, Blätter und Wurzeln entfernen, abbürsten, abschaben, in Scheiben schneiden (Buntmesser verwenden!), mit kochendem Wasser, Salz und Zucker ansetzen, nach ½ Stunde Essig zugeben, weich kochen, Öl, Pfeffer, gewiegte Petersilie vor dem Anrichten zugeben.

STAUDENSALAT

2 Stauden Salat	1 Essl. Zucker
2–3 Essl. Zitronensaft	2 Essl. Öl
1 Prise Salz (Dill oder Schnittlauch)	1 grüne Zwiebel

Salat lesen, zerpflücken, waschen, mit den Zutaten vermischen, sofort anrichten. Endiviensalat wie Staudensalat zubereiten.

TOMATENSALAT

1 Pfd. Tomaten	1 Zwiebel
1 Teel. Salz	1 Essl. Zitronensaft oder Essig
1 Prise Pfeffer	1 Essl. Öl

Tomaten waschen, in Scheiben schneiden, mit allen Zutaten vermischen, Salat gut durchziehen lassen.

Kalte Platten

Brotaufstriche

Kräuterbutter

100 g Butter

1 kleines Päckchen Schnittlauch

einige Stängel Petersilie und
  Brunnenkresse

Kräuter waschen, fein wiegen und mit geschlagener Butter vermischen.

Sardellenbutter

100 g Butter

4 Sardellen

Sardellen ½ Stunde wässern, entgräten, fein wiegen und mit geschlagener Butter gut vermischen.

Tomatenbutter

100 g Butter

2 große feste Tomaten

Die Tomaten waschen, in Stücke schneiden, durch ein Haarsieb streichen und mit der geschlagenen Butter vermischen.

Diese drei Butterarten reichen zu Aufstrich für zwei Semmelstreifen in Scheiben geschnitten oder für zwanzig Tafelbrötchen. Die gestrichenen Brötchen kann man mit angefeuchtetem Messer oder Teelöffel verzieren.

Frühlingsschnitten

10 Scheiben Schwarzbrot (Vollkornbrot)	2 hartgekochte Eier
2–4 Päckchen Radieschen (je nach Größe)	(Dotter und Eiweiß getrennt)
2 Päckchen Schnittlauch oder Brunnenkresse	8–10 Sardellen
	½ Stück Butter

Butterbrotschnitten quadratförmig schneiden. Sardellenstreifen rings um den Rand und kreuzweise über die Mitte legen. Die dadurch gewonnenen vier Teile abwechselnd mit Radieschenscheiben, zerkleinertem Schnittlauch oder gewiegter Brunnenkresse, feingehacktem Eidotter und Eiweiß bestreuen.

Gefüllte Tomaten

8 Tomaten	4–6 Essl. feinen Kartoffelsalat
¼ Pfd. Fleischsalat	1 Sträußchen Petersilie

Runde feste Tomaten waschen, Deckel abschneiden, das weiche Mark entfernen. Vier Tomaten mit Fleischsalat, vier mit Kartoffelsalat füllen und mit Petersilie garnieren.

Brotschnitten mit Fleischbelag

¼ Pfd. rohen und gekochten Schinken	½ Pfd. Lachs
¼ Pfd. alten Braten	2 Pfd. Vollkornbrot
¼ Pfd. Zervelat[5]- und Leberwurst	1 Stück Butter

Die belegten Butterbrote können noch mit Sardellenstreifen, Eierscheiben, kleinen Gewürzgurken, Kapern garniert werden.

---

5   Anm. des Verlags: Markenname für Rohwurst.

KÄSEBROTSCHNITTEN

10 Scheiben Weißbrot

10 Scheiben Pumpernickel

½ Pfd. weichen Gewürzkäse

½ Stück Butter

¼ Pfd. Schweizerkäse

Je drei Brotscheiben mit Butter bestreichen, Käse belegen, aufeinanderschichten, oberste Scheibe unbestrichen. Das Ganze in Dreiecke oder Streifen schneiden und sternförmig auf eine Platte legen.

KÄSEKEKS

60 g Roggenmehl

60 g geriebenen Käse

60 g Butter

Alle Zutaten gut durchkneten, Teig dünn ausrollen, verschiedene Keksformen ausstechen und hellbraun backen.

KNÄCKEBROT

1 Pfd. Roggenmehl

⅛ Pfd. Butter

½ Teel. Backpulver

⅛ l Milch

½ Teel. Salz

½ Teel. Kümmel

Die Zutaten vermischen, Teig kneten, dünn ausrollen, mit einer Stricknadel durchlöchern, Rechtecke ausschneiden, auf gefettetem und bemehltem Blech 8–10 Minuten backen.

TUNKEN

Als Grundtunke bei Gemüse und Fleischspeisen wird Mehlschwitze verwendet. Man unterscheidet helle und dunkle.

3 Essl. Fett oder Butter	1 kleine Zwiebel
3 Essl. Mehl	½ l Wasser oder Brühe

Helle Mehlschwitze: Fett erhizen, Mehl unter ständigem Rühren einstreuen, gewiegte Zwiebel zugeben und sofort nach und nach kochendes Wasser zugießen, 10 Minuten kochen lassen.

Dunkle Mehlschwitze: Mehl in Fett rösten, bis es sich kastanienbraun färbt, dann unter Rühren kochendes Wasser zufügen, 10 Minuten kochen lassen, zuletzt gewiegte Zwiebel zugeben. Diese Mehlschwitzen erhalten durch Beigabe von Tomaten, Pilzen, Meerrettich, Kräutern und Gewürzen, wie Zitrone oder Petersilie, und durch Abziehen mit Ei verschiedenen Geschmack.

HELLE TUNKE ZU BLUMENKOHL, SPARGEL, SCHWARZWURZELN

3 Essl. Butter	1 Prise Muskat
3 Essl. Mehl	1 Teel. Zitronensaft
½ l Gemüsewasser	1 Ei oder 2 Eidotter
1 Teel. frische Butter	

Helle Mehlschwitze herstellen, mit Gemüsewasser auffüllen, 10 Minuten kochen lassen, mit Ei abziehen (siehe Sagosuppe), mit Muskat, Salz, Zitronensaft abschmecken.

MAYONNAISE I

4 Eidotter	1 Teel. Zucker	1 Pfeffer
3 Essl. Tafelöl	1 Stück Zwiebel	1 Zitrone
4 Essl. Fleischbrühe	1 Prise Salz	(oder 2 Essl. Weinessig)

3 hartgekochte und 1 frisches Eidotter schaumig rühren, nach und nach die Gewürze, das Tafelöl und zuletzt Fleischbrühe und Zitronensaft daruntermischen.

Mayonnaise II

3 Eigelbe (roh)	3 Essl. Tafelöl	1 Prise Salz
1 Essl. Mehl	3 Essl. Zitronensaft oder Essig	1 Prise Pfeffer
⅛ l Sahne	1 Stück Zwiebel	1 Prise Zucker

Die Eigelbe mit Mehl, den Gewürzen, Sahne und Essig oder Zitronensaft eine Zeitlang rühren und im Wasserbad so lange schlagen, bis die Tunke dick ist. Zuletzt das Öl tropfenweise daruntermischen.

Pilztunke (Gelbschwämmchen, Butter- oder Steinpilze)

3 Essl. Butter	1 Zwiebel	½ Pfd. Pilze	Petersilie
2 Essl. Mehl	¼ l Wasser	1 Teel. Salz	

Pilze putzen, sorgfältig waschen, wiegen, in Butter schmoren, gewiegte Zwiebel zufügen, Mehl darüber stäuben, nach und nach kochendes Wasser, Salz zugeben und ½ Stunde langsam dämpfen lassen, mit gewiegter Petersilie abschmecken.

Getrocknete Pilze am Abend vorher einweichen und das Einweichwasser zum Zugießen verwenden.

Porree-, Dill- oder Petersilientunke

3 Essl. Fett	1 Zwiebel	1 Päckchen Porree oder
3 Essl. Mehl	1 Teel. Salz	1 Päckchen fr. Dill oder
½ l Fleischbrühe oder Wasser		1 Handvoll Petersilie

Helle Mehlschwitze herstellen, gewiegten Porree, Dill oder gewiegte Petersilie in Butter andünsten, mit der Mehlschwitze vermischen und kurz aufkochen lasen.

Remouladentunke (zu Sülze, kaltem Braten oder Fisch)

3 Eier (hartgekocht)	1 Teel. Zucker	1 Essl. saure Sahne
1 Zwiebel	4 Essl. Tafelöl	½ Teel. Salz
1 Essl. Senf	⅛ l Kräuteressig	1 Prise weißen Pfeffer

Die hartgekochten Eidotter verrühren, die Gewürze und nach und nach das Öl zugeben. Die Tunke noch kurze Zeit schlagen und kalt zu Tisch bringen.

Salattunke

1–2 saure Äpfel	2 Essl. Essig oder Zitronensaft	1 Prise Zucker
1 Teel. Senf	1 Prise Salz	1 Stück Zwiebel
2 Essl. Tafelöl	1 Prise Pfeffer	

Die geschälten Äpfel reiben und mit den übrigen Zutaten gut vermischen.

Sardellentunke

3 Essl. Fett	1 Prise Muskat	2 Essl. Fleischbrühe
3 Essl. Mehl	1 Stück Zwiebel	½ Glas Wein
⅜ l Wasser	1 Lorbeerblatt	1 Teel. Butter
4 Sardellen oder	1 Essl. Zitronensaft	1 Eidotter
1 Teel. Sardellenpaste		

Helle Mehlschwitze herstellen, Gewürze, Fleischbrühe, gewiegte Sardellen hinzufügen und ziehen lassen. Die Tunke mit Wein, frischer Butter und Eigelb wohlschmeckend machen

SENFTUNKE

3 Essl. Butter oder Fett	1 Teel. Salz
3 Essl. Mehl	1 Essl. Senf
1 Stück Zwiebel	1 Teel. Zitronensaft oder Essig
½ l Wasser	(⅛ l Apfelwein)
1 Prise Zucker	

Dunkle Mehlschwitze herstellen, mit den Gewürzen abschmecken.
und mit dem Senf gut verquirlen.

TOMATENTUNKE

3 Essl. Butter	¼ l Wasser oder Fleischbrühe
2 Essl. Mehl	½ Pfd. Tomaten
1 Zwiebel	1 Teel. Salz
	1 Prise Pfeffer

Tomaten waschen, in Stücke schneiden, mit Zwiebel in der Butter
andünsten, mit heißem Wasser auffüllen, aufkochen und durch ein
Sieb drücken. Mehl mit wenig kaltem Wasser anrühren, zugeben und 5
Minuten kochen lassen. Die Tunke mit Salz und Pfeffer abschmecken.

VANILLETUNKE

½ l Milch	1 Essl. Mondamin (Gustin)
¼ Stange Vanille	4 Essl. Milch
(oder 1 Päckchen Vanillezucker)	1 Eidotter
3 Essl. Zucker	

Die Vanilleschote aufschlitzen, in die kalte Milch legen. Zucker und
das mit 4 Esslöffel kalter Milch angerührte Mondamin zufügen. Die
Tunke unter fortwährendem Rühren zum Kochen bringen, abkühlen

lassen und mit Eidotter abziehen (siehe Sagosuppe). (Vanillezucker erst an die fertige Tunke geben.)

WEINSCHAUMTUNKE

¼ l Apfelwein	65 g Zucker
Schale von ¼ Zitrone	1–2 Eier
2 Essl. Zitronensaft	

Alle Zutaten quirlen, im heißen Wasserbad schaumig schlagen bis die Tunke steigt. Sofort zu Tisch geben.

WEISSE MILCHTUNKE

3 Essl. Butter	1 Zwiebel	1 Teel. Salz
3 Essl. Mehl	½ l Milch	1 Prise Pfeffer

Helle Mehlschwitze herstellen, mit kochender Milch auffüllen, 10 Minuten kochen lassen.

Durch Beigabe von geriebenem Meerrettich, feingewiegtem Schinken, Hering, Schnittlauch lässt sie sich mannigfach verwenden.

KOMPOTT

GEDÜNSTETE ÄPFEL

8 kleine säuerliche Äpfel	½ l Wasser
5 Essl. Zucker	1 Stück Zimt- und Zitronenschale

Äpfel waschen, schälen, Kernhaus entfernen, mit kochendem Wasser und den Gewürzen aufsetzen und weich kochen.

APFELMUS

2 Pfd. säuerliche Äpfel   1 Stück Zitronenschale
½ l Wasser   6 Essl. Zucker

Äpfel waschen, in Stücke schneiden, in heißem Wasser mit Zitronen-
schale aufsetzen, zu Mus kochen. Dann durch ein Sieb rühren, mit
Zucker abschmecken und kalt stellen. Als Verzierung Korinthen und
Mandeln verwenden.

BACKOBST GEKOCHT

½ Pfd. Backobst   ¾ l Wasser
3 Essl. Zucker   1 Stück Zimt- und Zitronenschale

Backobst sehr gut reinigen, mit Wasser und Zucker einige Stunden
einweichen. Backobst mit dem Einweichwasser, Zimt- und Zitronenschale ½ Stunde kochen.

BACKPFLAUMEN ROH

Backpflaumen waschen, mit reichlich Wasser 24 Stunden einweichen.

BIRNENKOMPOTT

1½ Pfd. Birnen   3 Essl. Zucker
reichlich ¼ l Wasser   1 Stück Zitronen- und Zimtschale
                                 1 Nelke

Gewaschene Birnen dünn schälen, Stiele entfernen, halbieren oder in
Viertel schneiden. Mit kochendem Wasser und den Gewürzen aufsetzen, weich kochen und kalt stellen.

ERDBEERENKOMPOTT

| 1 Pfd. Erdbeeren | ¼ l Wasser | 4–6 Essl. Zucker |

Erdbeeren waschen, Stiele und Kelchblätter entfernen, dann mit heißem Wasser und Zucker aufsetzen, bis ans Kochen kommen lassen und abkühlen.

HEIDELBEERKOMPOTT

| 1 Pfd. Heidelbeeren | ¼ l Wasser | 4 Essl. Zucker |

Die Heidelbeeren lesen, waschen, in heißem Wasser mit Zucker aufsetzen, ungefähr 10 Minuten kochen, dann kalt stellen.

KIRSCHENKOMPOTT

| 1 Pfd. Kirschen | ¼ l Wasser (knapp) |
| 3 Essl. Zucker | 1 Stück Zimtschale |

Kirschen waschen, entstielen, mit heißem Wasser und den Gewürzen aufsetzen, so lange kochen, bis der Saft sich rötlich färbt, dann abkühlen.

PFLAUMENKOMPOTT

| 1½ Pfd. Pflaumen | reichlich ¼ l Wasser |
| 6 Essl. Zucker | 1 Stück Zimt- und Zitronenschale |

Die gewaschenen Pflaumen entkernen, halbieren oder in Viertel schneiden, mit heißem Wasser und den Gewürzen ansetzen und weich kochen.

PREISELBEERKOMPOTT

| 1½ Pfd. Preiselbeeren | ½ Pfd. Lompenzucker |
| ⅛ l Wasser | ¼ l Milch |

Die Preiselbeeren lesen, waschen, mit Wasser und Zucker aufsetzen, so lange kochen lassen, bis sie platzen, dann abkühlen. Beim Anrichten kalte, rohe Milch daruntermischen. Anstatt der Milch das Preiselbeerkompott mit geschmorten Pflaumen, Birnen oder Äpfeln vermischen.

RHABARBERKOMPOTT

1 Pfd. Rhabarber	1 Stück Zitronenschale
knapp ¼ l Wasser	6 Essl. Zucker

Rhabarberstängel waschen, in schräge Stücke schneiden, mit kochendem Wasser und den Gewürzen aufsetzen, weich kochen (nicht zerkochen lassen).

RHABARBERMUS

½ Pfd. Rhabarber	1 Stück Zitronenschale
¼ Pfd. Ringäpfel oder Apfelstücke	6–8 Essl. Zucker
¼ l Wasser	

Gewaschene Ringäpfel mit Wasser aufsetzen, ziemlich weich kochen, dann die Rhabarberwürfel zugeben, zu Mus kochen. Die Masse durch ein Sieb streichen, mit Zucker abschmecken und abkühlen.

NACHSPEISEN

APFELSINENCREME (KALT)

4 Eigelbe	4 Eiweiß
100 g Zucker	1 Teel. abgeriebene Zitronen- oder Apfelsinenschale
Saft von 4 Apfelsinen	10 g weiße Gelatine

1 Essl. Zitronensaft	2 Essl. Wasser zum Auflösen
(1 Teel. Rum)	

Eigelbe mit Zucker schaumig rühren, dann Apfelsinen- und Zitronensaft, die Gewürze, zuletzt die aufgelöste Gelatine hinzugeben. Eiweißschnee locker darunterziehen und erstarren lassen.

APFELSINENCREME (WARM)

¾ l Milch	Saft von 3–4 Apfelsinen
2 Eigelbe	1 Essl. Zitronensaft
6–8 Essl. Zucker	1 Teel. abgeriebene Zitronen- oder Apfelsinenschale
2 Essl. gewiegte Mandeln	½ Päckchen Vanillezucker
30 g Kartoffelmehl	2 Eiweiß

Alle Zutaten, außer dem Eiweißschnee, in die Milch geben, dann unter beständigem Rühren zum Kochen bringen, auskühlen lassen, zuletzt Eiweißschnee zufügen, in Schüsseln oder Gläser füllen.

APFELSINENSALAT

2 Apfelsinen	4 Essl. alkoholfreien Apfelmost
4 säuerliche Apfel	1 Teel. Zitronensaft
4 Essl. Zucker	

Apfelsinen sorgfältig schälen, in dünne Scheiben schneiden. Äpfel waschen, Kernhaus ausstechen, in Scheiben schneiden. Das Obst einzuckern, mit Zitronensaft würzen, alkoholfreien Apfelmost darübergießen, kurze Zeit stehen lassen.

APFELSCHNEE

1 Pfd. Äpfel	3 Essl. Zucker
⅛ l Wasser	1 Essl. Zitronensaft

1 Stück Zitronenschale	1 Päckchen Vanillezucker
	2 Eiweiß

Sie waschen, in Stücke schneiden, mit Wasser und Zitronenschale zu Mus kochen, Zucker, Zitronensaft, Vanillezucker zugeben, Eiweiß darunterziehen, tüchtig schlagen, in eine Glasschüssel füllen und kalt stellen.

BUTTERMILCHGELEE

1 l Buttermilch	Saft von 2 Zitronen
Schale einer Zitrone	30 g rote Gelatine
250 g Zucker	6 Essl. Wasser zum Auflösen

Zucker mit der Buttermilch gut verquirlen, geriebene Zitronenschale und -saft und die aufgelöste Gelatine zugeben. Die Masse erstarren lassen und mit gesüßter Milch oder Vanilletunke anrichten.

GEMISCHTE CREME (BRAUN, WEISS, ROT)

½ l saure Sahne	5 g rote Gelatine	3 Essl. Wasser
100 g Zucker	10 g weiße Gelatine	6 Essl. Wasser
1 Päckchen Vanillezucker	100 g geriebene Schokolade	2 Essl. Rum oder Zitronensaft
1 Teel. Kakao	abgeriebene Zitronenschale	3 Essl. geriebene Nüsse oder Mandeln

Saure Sahne schlagen, Zucker, Vanillezucker, Rum, Zitronenschale hinzufügen und in 3 Teile teilen.

In das erste Drittel geriebene Schokolade, Kakao und die Hälfte von der aufgelösten weißen Gelatine geben, alles gut mischen und in einer Glasschüssel erstarren lassen.

In das zweite Drittel geriebene Nüsse oder Mandeln geben, den Rest der aufgelösten weißen Gelatine gut daruntermischen, auf die feste braune Schicht gießen und ebenfalls erstarren lassen.

Das letzte Drittel Sahne mit der aufgelösten roten Gelatine vermischen, auf die Speise geben und erstarren lassen. Die Speise kalt stellen.

GRIESSFLAMMERI MIT APRIKOSENTUNKE

1 l Milch	4 Essl. Zucker
150 g Grieß	1 Stück Zitronenschale
1 Prise Salz	5 süße Mandeln
1 Eigelb	1 Eiweiß

In die kochende Milch Grieß unter Rühren schütten und zu einem dicken Brei ausquellen lassen. Dann Zucker, Gewürze, geriebene Mandeln, Eigelb unter die Masse mengen, Eiweißschnee locker darunterziehen und in eine mit kaltem Wasser ausgespülte Form füllen, erstarren lassen, dann stürzen.

Aprikosentunke:

150 g frische oder 100 g getrocknete Aprikosen

½ l Wasser	6 Essl. Zucker

Frische oder eingeweichte getrocknete Aprikosen mit Wasser weich kochen, dann durch ein Sieb streichen und mit Zucker abschmecken.

KAFFEECREME

2 Eier	5 g weiße Gelatine
50 g Zucker	1 Essl. Wasser
4 Essl. Kaffeeextrakt	(2 Teel. Kaffeebohnen, 4 Essl. Wasser)

Eigelb und Zucker ¼ Stunde schlagen, den kalten Kaffeeextrakt zugeben, die in heißem Wasser aufgelöste Gelatine, zuletzt den steifen Eierschnee darunterziehen. Die Masse in eine Glasschüssel füllen und erstarren lassen.

OBSTSCHAUMSPEISE

1 Obertasse Fruchtmus   6–8 Essl. Zucker   1–2 Eiweiß

Die Zutaten in kaltem Zustand vermischen, dann zu steifem Schnee schlagen. In Weingläsern oder Schüsseln anrichten und mit kleinem Gebäck zu Tische geben.

PREISELBEERCREME

½ Pfd. Preiselbeeren   3 g rote Gelatine

1 Eigelb   3 g weiße Gelatine

1 Essl. Zitronensaft   1 Eiweiß

¼ Pfd. Zucker

Beeren lesen, waschen und durch ein Sieb streichen. Beerenmark abmessen (¼ l), darunter Eigelb, Zitronensaft, Zucker, überspülte Gelatine mischen und unter Rühren einmal aufkochen lassen. Die Masse bei fortwährendem Rühren abkühlen, bis sie anfängt dick zu werden, dann Eischnee hinzufügen, in eine mit Öl ausgepinselte Form (kl. Frankfurter Ring) geben und erstarren lassen. Nach dem Stürzen mit Schlagsahne verzieren. Hierzu können auch eingekochte Beeren verwendet werden.

ROTE GRÜTZE

1 l Fruchtsaft   150 g Grieß

Grieß in den kochenden Fruchtsaft einstreuen, dick ausquellen lassen. Die Masse in eine mit kaltem Wasser ausgespülte Form geben, erstarren lassen und mit gesüßter Milch oder Vanilletunke anrichten.

ROTE APFELSPEISE

1 Pfd. Apfel   2–3 Essl. Zitronensaft

¼ l Wasser zum Kochen   8 Essl. Zucker

| ½ Päckchen Vanillezucker | 20 g rote Gelatine |
| Schale ½ Zitrone | 6 Essl. Wasser zum Auflösen |

Äpfel zu Mus kochen und durch ein Sieb streichen. Dann Zitronen-saft und -schale, Zucker, Vanillezucker, zuletzt die aufgelöste Gelatine zugeben. Die gut verrührte Masse erstarren lassen und mit gesüßter Milch, Vanilletunke oder Schlagsahne anrichten.

SCHNEEBERG

½ l Milch	15 g Mondamin
2–3 Eiweiß	1 Stück Vanilleschote
4 Essl. Zucker	1 Essl. gewiegte Mandeln
1 Eigelb	

Zum Garnieren: Apfelsinenscheiben, Erdbeeren, Weinbeeren usw. Eiweiß zu steifem Schnee schlagen, mit Esslöffel eigroße Klößchen abstechen, diese in kochender Milch aufkochen lassen, schnell her-ausnehmen und in eine Glasschüssel legen. An die ausgekühlte Milch Zucker, Eigelb, Mandeln, mit Wasser verrührtes Mondamin zugeben, im Wasserbad bis ans Kochen bringen. Die Tunke über die Eiweiß-klößchen gießen, mit Früchten garnieren und abkühlen lassen.

SCHOKOLADENFLAMMERI

1 l Milch	75 g Schokolade
1 Prise Salz	2 Essl. Kakao
4–6 Essl. Zucker	100 g Mondamin oder 150 g Grieß

Zubereitung wie Grießflammeri.

VANILLEÄPFEL

| 8 kleine Äpfel | ½ l Milch |
| ½ l Wasser | 1 Stange Vanille (1 Päckchen Vanillezucker) |

4 Essl. Zucker	3 Essl. Zucker
1 Stück Zitronenschale	1 Essl. Mondamin (Gustin)
Marmelade oder Gelee	4 Essl. Milch
	1 Eidotter

Apfel waschen, Kernhaus ausstechen, dann schälen, mit kochendem Zuckerwasser aufsetzen, weich kochen (aber nicht zerfallen lassen). In eine Glasschüssel legen, mit Marmelade oder Gelee füllen und mit Vanilletunke übergießen. (Zubereitung siehe Tunken.)

WEINGELEE (ROT)

1 verdünnten Apfel- oder Weißwein	20 g rote Gelatine
8 Essl. Zucker	4 Essl. heißes Wasser
3 Essl. Zitronensaft	zum Auflösen

Wein mit Zucker, Zitronensaft und der aufgelösten Gelatine gut verrühren, in Glasschüssel oder Weingläser füllen und erstarren lassen.

WEINGELEE (WEISS)

Rezept wie oben, nur weiße Gelatine verwenden. Gut gereinigte Weinbeeren in eine Glasschüssel geben, die Geleemasse darübergießen und erstarren lassen.

WEINREIS

125 g Reis	¼ l Weißwein
¾ l Wasser zum Ausquellen	2 Essl. Zitronensaft
1 Stück Zitronenschale	4–5 Essl. Zucker

Den verquirlten Reis mit Wasser, Zitronenschale zum Kochen bringen und ausquellen lassen, dann Wein, Zitronensaft, Zucker hinzugeben und kalt stellen. Mit Weinschaumtunke reichen.

ZITRONENCREME

4 Eigelbe

200 g Zucker

Schale von ¼ Zitrone

6 Essl. Zitronensaft

8 g weiße Gelatine

2 Essl. heißes Wasser zum Auflösen

4 Eiweiß

Eigelb mit Zucker ½ Stunde schaumig rühren. Zitronensaft und -schale, aufgelöste Gelatine zufügen, dann so lange rühren, bis die Masse anfängt steif zu werden. Die Creme in eine Glasschüssel füllen und im kalten Wasserbad (Eis) erstarren lassen.

ROH- ODER FRISCHKOST

Bedeutung: Die neuere Ernährungswissenschaft erkennt jetzt allgemein an, dass die Speisen, die nicht durch den Kochvorgang verändert worden sind, eine hohe Bedeutung für unseren Körper und unsere Gesundheit haben. Gehen doch durchs Kochen die so wichtigen Mineralstoffe, Vitamine und Ergänzungsstoffe mehr oder weniger verloren. Aber gerade diese Stoffe sind es, die der heutige Kulturmensch bei seiner der Natur so stark entfremdeten Lebensweise am nötigsten braucht. Denn diese Stoffe geben dem Blute Widerstandskraft gegen Krankheiten, reinigen es von Schlacken und Krankheitsstoffen, machen es leicht und dünn und begünstigen dadurch Blutkreislauf, Verdauung und Stoffwechsel.

ALLGEMEINE REGELN ÜBER
DIE HERSTELLUNG:

Will man sich an Frischkost gewöhnen, so darf man nicht gleich zu viel davon genießen wollen. Man verdirbt sich sonst den Appetit daran.

Man beginne mit 1–2 Esslöffel **vor** der Mahlzeit, am besten vor dem Abendbrot. Hinterher genossen, etwa nach einem Schinken- oder Wurstbrot, wird sie weder munden noch besonders gut bekommen. Man muss versuchen, die Gemüse möglichst gut zu zerkleinern. Möhren und Kohlrabi reibt man auf dem Reibeisen, Weißkraut, Rotkraut schneidet man fein. Auch den Wolf und den Gurkenhobel kann man zu dieser Arbeit heranziehen. Dann achte man ferner darauf, dass die Gemüserohkost gut durchfeuchtet wird. Dazu kann man roh durch ein Sieb gestrichene Tomaten, geriebene rohe Gurken, Zitronensaft, Öl, saure Sahne oder Mayonnaise verwenden. Das Würzen soll nicht durch Salz geschehen, sondern durch Zwiebel, Knoblauch, Majoran, Kümmelkörner, Schnittlauch, Petersilie und andere grüne Kräuter, die im Winter auch getrocknet verwendet werden können. Durch hübsche Farbenzusammenstellung kann der Appetit hierbei wesentlich angeregt werden (Rotkrautsalat verziert mit Kohlrabi). Essig ist zu vermeiden, dafür verwende man Zitronensaft. Als bestes Öl ist das kaltgeschlagene zu empfehlen (zu haben in Lebensmittel-Reformhäusern). Es versteht sich von selbst, dass zum Rohessen nur beste und frische Ware auszuwählen ist.

BANANENKOMPOTT

| 2 Bananen | 2 Essl. Zucker | 1 Tasse Apfelmost |
| 2 Apfelsinen | Saft ½ Zitrone | ½ Tasse Himbeersaft |

Bananen und Apfelsinen schälen, in Scheiben schneiden. In die Glasschüssel legen, jede Lage mit Zucker bestreuen, mit Zitronensaft beträufeln. Apfelmost, zuletzt Himbeersaft darübergießen, einige Zeit durchziehen lassen.

BIRCHER-MÜSLI

1 Essl. Haferflocken	Saft ½ Zitrone
3 Essl. Wasser	1 Essl. Milch oder Honig
2 Äpfel	1 Essl. geriebene Nüsse oder Mandeln

Haferflocken säubern, mit Wasser 12 Stunden einweichen. Äpfel mit Schale und Kernhaus darunter reiben. Zitronensaft, Milch oder Honig zugeben, mit geriebenen Nüssen oder Mandeln bestreuen.

FEIGENWURST

1 Pfd. Kranzfeigen	½ Pfd. Datteln	¼ Pfd. Haselnüsse

Feigen und Datteln fein wiegen, mit den geriebenen Haselnüssen zusammenkneten. Aus der Masse eine Wurst formen, 10 Tage trocknen lassen. In Scheiben geschnitten als Brotbelag für Reisen und Wanderungen zu empfehlen.

OBSTSALAT

1 Banane	⅛ Pfd. Datteln
1 Apfelsine	⅛ Pfd. Weinbeeren
1 Apfel	1 Essl. geriebene Nüsse oder Mandeln

Alle Früchte waschen, Apfelsine und Banane schälen. Das Obst in kleine Stücke schneiden, alles gut vermischen. Den Salat mit Nüssen oder Mandeln überstreuen, gut durchziehen lassen.

MÖHREN

3 Pfd. zarte kleine Möhren	2 Essl. Zitronensaft
6 große Tomaten	4 Essl. Öl
Salz	1 Zehe Knoblauch
1 Essl. gewiegte Petersilie	½ Teel. Kümmelkörner

Möhren abbürsten, reiben. Tomaten trocken abreiben, in Scheiben schneiden, durch ein Haarsieb streichen.

Knoblauch zerdrücken, mit Kümmel fein wiegen, alle Zutaten gut mischen.

MÖHREN UND APFEL

2 mittelgroße Möhren	2 Teel. Öl
1 Apfel	1 Teel. Zitronensaft

Möhren und Apfel waschen, reiben, beides mit Zitronensaft und Öl mischen, gut säuerlich abschmecken, durchziehen lassen.
(Besonders als Abendbrot für kleine Kinder geeignet.)

RETTICH

1 mittelgroßer Rettich	1–2 Tomaten
1 Teel. geriebene Erdnüsse	1 Prise Salz
1 Teel. Zitronensaft	1 Essl. Öl

Rettich waschen, schälen, reiben oder hobeln, Tomaten waschen, in Scheiben schneiden, durch ein Sieb streichen, alle Zutaten mischen, durchziehen lassen.

ROTKRAUT (WEISSKRAUT)

Rotkraut hobeln, mit wenig Salz bestreuen, mit großem Quirl oder Fleischklopfer in einer Schüssel mürbe stampfen, mit Zitronensaft und Öl abschmecken.

SAUERKRAUT

Sauerkraut überspülen, wiegen, mit Öl und feingeschnittener Zwiebel abschmecken.

WEISSKRAUT

½ Pfd. Weißkraut	½ Kohlrabi	1 Stück Zwiebel
2 Äpfel	1 Prise Salz	2 Essl. Öl
1 Essl. Zitronensaft	1 Teel. gewiegte Petersilie	

Weißkraut waschen, ablaufen lassen, in fingerbreite Streifen schneiden, durch den Wolf drehen, Saft auffangen. Kohlrabi dünn schälen, grob schneiden, durchdrehen. Äpfel sauber abwischen, mit der Schale reiben, Zwiebel fein schneiden. Alle Zutaten gut mischen, durchziehen lassen. Saure Sahne erhöht den Wohlgeschmack.

Tee

Deutsche Teemischung, selbst herzustellen

50 g junge Erdbeerblätter

50 schwarze Johannis- oder Himbeerblätter

Kamille und Waldmeister

50 g Brombeerblätter

50 g Pfefferminze

Hagebuttentee

2 Esslöffel getrocknete Hagebutten mit 1 l kaltem Wasser ansetzen, 10 Minuten kochen lassen, 1 Teelöffel Pfefferminze zugeben, noch 5 Minuten ziehen lassen, abgießen, mit Honig süßen.

Johannisbrottee

80 g Johannisbrot in Stückchen schneiden, Kerne entfernen, mit wenig Anis in 1 l kaltem Wasser aufsetzen, 10 Minuten kochen und ¼ Stunde ziehen lassen, gut aufrühren, durchgießen und, wie beim Pfefferminztee angegeben, mit Zitrone und Honig genießen.

Kümmeltee

Knapp 2 Teelöffel Kümmelkörner, mit Anis gemischt, mit 1 l kaltem Wasser ansetzen, ¼ Stunde kochen, ¼ Stunde ziehen lassen, abgießen, mit Honig oder Zucker süßen.

Lindenblütentee

In 1 l kochendes Wasser 1 Esslöffel Lindenblüten geben, 5 Minuten ziehen lassen, abgießen und süßen.

Pfefferminztee

1 Teelöffel Anis mit 1 l kaltem Wasser aufsetzen, zum Kochen bringen, 1 reichlichen Teelöffel Pfefferminze zugeben, ziehen lassen, durchgießen. Zu 1 Tasse Tee ½ Teelöffel Zitronensaft und 1 Teelöffel Honig geben.

Vegetarische Kost

Eierküchlein (für 1 Person)

1 Ei	1 Essl. geriebene Semmel	etwas Salz	1 Essl. Öl

Ei trennen, Schnee steif schlagen, Dotter, geriebene Semmel, Salz darunterziehen, mit einem Esslöffel etwas von der Masse abstechen, ins heiße Öl geben, flach drücken, auf beiden Seiten braten. Dazu Kompott.

Aus dieser Masse werden 3 Eierküchlein. Man kann auch Schnittlauch daruntergeben und die Küchlein zu verschiedenem Gemüse essen.

Gedünsteter Grünkerngriess

½ Pfd. Grünkerngrieß	3 Essl. Öl	⅜ l Wasser	½ Teel. Salz

Grünkerngrieß ins kochende Salzwasser streuen, dick aber nicht zu weich ausquellen lassen, nach und nach Öl zugießen, öfter locker umschaufeln, ½ Stunde dünsten lassen. Dazu Gemüse (Möhren, Weißkraut, Tomaten).

GEDÄMPFTER NATURREIS MIT MÖHRENGEMÜSE (2–3 PERSONEN)

¼ Pfd. Naturreis	1 Teel. Salz	⅜ l Wasser
2–3 Essl. Öl	1 Stück Zwiebel	etwas zerlassene Butter

Reis lesen, waschen, am Abend vorher einweichen. Am anderen Tag zweifingerhoch mit kaltem Wasser ansetzen, geschnittene Zwiebel und Öl zugeben, zugedeckt ungefähr ½ Stunde langsam dünsten lassen, ab und zu vorsichtig umschaufeln, Reis nicht zu weich werden lassen, beim Anrichten etwas zerlassene Butter darübergießen. Dazu in Butter gedünstete Möhren.

SPINATKLÖSSE

1 Pfd. Spinat	1 feingeschnittene Zwiebel	1 Teel. Majoran	1 Teel. Salz
3 Essl. Öl	½ Pfd. geriebene Semmel	2 Eier	50 g Mehl

Spinat lesen, waschen, wiegen, mit Zwiebel, Salz, Öl, Majoran und Semmel vermischen, ½ Stunde stehen lassen. Eier trennen, Schnee schlagen, Dotter und Mehl darunterziehen, alles unter die Spinatmasse mischen, Klöße formen, in Salzwasser kochen.

SPINATOMELETTE

100 g Mehl	½ Teel. Salz	3 Eier
½ Pfd. Spinat	1 Stück feingeschnittene Zwiebel	⅛ l Wasser

Spinat lesen, waschen, wiegen. Eier trennen, Schnee schlagen. Mehl mit Dotter, Wasser und Salz verrühren, Schnee, Gewürze und Spinat zugeben, in heißem Öl dünne Omeletten backen.

Tomaten mit Ei und gedünsteten Kartoffeln (2 Personen)

½ Pfd. Tomaten	2 Eier	2 Essl. Öl	etwas Salz

Tomaten in Scheiben schneiden, Öl im Tiegel heiß werden lassen, Tomaten hineingeben, verschlagene Eier und Salz darübergeben, umschaufeln wie Schmarren.

1 Pfd. Kartoffeln	2 Essl. Öl	1 Stück Zwiebel
½ Teel. Kümmelkörner	1 Essl. gewiegte Petersilie	⅛ l heißes Wasser

Kartoffeln in der Schale halbweich kochen, abziehen, vierteln. Ins heiße Öl Zwiebel, Kartoffeln, Salz, Kümmelkörner, ⅛ l heißes Wasser geben, zugedeckt weichdünsten lassen, zuletzt gewiegte Petersilie zugeben.

Gedämpftes Weisskraut

1 Pfd. Weißkraut	1½ Essl. Öl	⅛ l Wasser
½ Teel. Kümmelkörner	1 Stück Zwiebel	½ Pfd. Tomaten
(1 kleine Zehe Knoblauch, 1 Essl. saure Sahne)		

Weißkraut waschen, schneiden, durch den Wolf drehen, mit Öl, kochendem Wasser und Salz ansetzen, weichdünsten. Feingeschnittene Zwiebel und durch ein Sieb gestrichene rohe Tomaten zugeben, Knoblauch mit Kümmelkörnern fein wiegen und zuletzt die Sahne daruntermischen.

Gebäck

Abgebrannter Teig

Abgebrannten Teig schnell zubereiten. Das trockene Mehl auf einmal in die kochende Flüssigkeit schütten und tüchtig rühren, bis sich der

Teig vom Topf löst. Nach dem Erkalten die Eier nach und nach zugeben. Teig gut schlagen.

SPRITZKUCHEN

¼ l Wasser	1 Prise Salz	Palmin[6]
70 g Butter	200 g Mehl	Pergamentpapier
10 g Zucker	5 Eier	Zucker zum Bestreuen

Abgebrannten Teig herstellen, abkühlen lassen, Gewürze und die Eier
nach und nach zugeben, tüchtig schlagen. Dann die Masse in eine
Teigspritze füllen, auf Fettpapier kleine Kränze spritzen, in heißem
Fett goldbraun backen, mit Zucker bestreuen.

WINDBEUTEL

¼ l Wasser	1 Prise Salz	3–4 Eier
75 g Butter	125 g Mehl	10g Zucker
		½ Teel. Backpulver

Wasser mit Butter und Salz zum Kochen bringen, dann das Mehl auf
einmal hineinschütten und tüchtig rühren. Die Masse kochen, bis sie
sich vom Topf ablöst. Den Teig abkühlen lassen, die Eier **nacheinander** und zuletzt den Zucker und das Backpulver zugeben. Von dieser
abgekühlten Masse mit nassem Löffel große Kugeln auf ein eingefettetes Blech geben, in heißem Ofen hellgelb backen. Nach dem Erkalten
die Windbeutel aufschneiden, mit Schlagsahne oder Creme füllen,
mit Puderzucker bestäuben.

Creme zum Füllen:

⅜ l Milch	⅛ Pfd. Zucker	1 Päckchen Vanillezucker
50 g Mondamin	2 Eier	60 g Butter

---

6   Anm. des Verlags: Marke für Kokosfett.

Milch, Mondamin, Zucker, Eier glatt verrühren, im Wasserbad zum Kochen bringen. Die abgekühlte Creme mit der schaumig gerührten Butter vermischen.

BACKPULVERTEIG

Alle Zutaten müssen kalt sein. Backpulver glatt drücken, mit 1 Esslöffel Mehl vermengen. Backpulver zuletzt unter den Teig rühren. Den fertigen Teig sofort in die Form geben und backen. Backpulverkuchen bei Mittelhitze backen.

ALBERTKEKS

180 g Fett	100 g Zucker	5 Essl. Wasser
2 Eier	1 Pfd. Mehl	1 Päckchen Backpulver

Fett schaumig rühren, abwechselnd Eier und Zucker hinzufügen, danach Mehl, Wasser und Backpulver zugeben. Den Teig ½ Stunde kalt stellen, dann messerrückenstark ausrollen, ausstechen, auf das vorbereitete Backblech legen (nicht zu dicht nebeneinander), goldgelb backen. Backzeit ¼ Stunde.

APFELSTRUDEL

½ Pfd. Mehl	1 Essl. Zucker	Zur Füllung: 1 Pfd. Apfel
2 Eier	50 g Butter	60 g Zucker
3 Essl. Milch	1 Teel. Backpulver	15 g geriebene Mandeln
1 Prise Salz	1 Prise Zimt	15 g Korinthen
Butter oder Ei zum Bestreichen		

Von den Zutaten einen lockeren Nudelteig zubereiten, dann ½ Stunde an lauwarmem Ort stehen lassen. Serviette oder Wischtuch auf dem Tisch ausbreiten, mit Mehl bestäuben, den Teig so dünn wie Nudelteig ausrollen. Die Äpfel hobeln, Zucker, Mandeln, Korinthen dazugeben und vermischen. Den Teig damit belegen, Ränder mit Eiweiß oder Zuckerwasser bestreichen, Tuch auf einer Seite anheben, dass der Teig zusammenrollt und auf das eingefettete Backblech fällt. Ränder festdrücken. Mit Butter oder verquirltem Ei bestreichen und hellbraun backen.

Andere Zubereitungsart: Den gekneteten Teig unter einem erhitzten Topf 20 Minuten ruhen lassen, ein wenig ausrollen, dann ganz dünn ausziehen, füllen und zusammenrollen. Als Füllung eignen sich auch Pflaumen oder Kirschen.

FRANKFURTER RING (KLEINE FORM)

90 g Butter	3 Eier	180 g Mehl
90 g Zucker	5 Essl. kalte Milch	2 Teel. Backpulver
etwas Butter zum Ausstreichen der Form		

Butter schaumig rühren, dann Zucker und Ei, abwechselnd 1 Esslöffel Mehl, 1 Esslöffel Milch, zuletzt das mit 1 Esslöffel Mehl vermischte Backpulver hinzufügen. Teig in die eingefettete Ringform geben, bei mäßiger Hitze backen. Anfangs mit Butterpapier zudecken. Den kalten Ring zweimal quer durchschneiden, mit Buttercreme füllen.

Buttercreme:

200 g Butter (ungesalzen)	⅛ l Milch
100 g Zucker (fein)	1–2 Essl. Mehl
2 Eidotter	(1 Teel. Kakao)
1 Teel. Vanillezucker	

Aus Milch, Zucker, Eiern, Mehl eine Tunke im Wasserbad herstellen unter fortwährendem Rühren, dann abkühlen lassen. Inzwischen Butter schaumig rühren, unter die erkaltete Tunke geben, kalt stellen. Ring damit füllen und außen überziehen, gebrannte Mandeln darüberstreuen. (⅛ Pfund gebrühte, abgeschälte, gewiegte süße Mandeln mit 2 Esslöffel Zucker vermischen, im Tiegel hellbraun rösten, auskühlen lassen und klein hacken.)

SCHLAGKUCHEN

250 g Butter oder Fett	1 Päckchen Backpulver
200 g Zucker	100 g Sultaninen
2–3 Eigelbe	2–3 Eiweiß
500 g Mehl	100 g Korinthen
¼ l Milch (reichlich)	2 Essl. Fett zum Bestreichen
½ abgeriebene Zitrone	2 Essl. Zucker zum Bestreuen

Butter oder Fett schaumig rühren, abwechselnd Zucker und Eigelb hinzufügen, 20 Minuten rühren, dann Mehl, Milch, Zitronenschale, Backpulver dazu tun. Rosinen vorsichtig darunter mengen, zuletzt den Eischnee darunterziehen. Den Teig in die vorbereitete Form geben. Backzeit 1 Stunde.

MARMORKUCHEN

250 g Butter oder Fett	1 Prise Salz
250 g Zucker	1 Päckchen Vanillezucker
2–3 Eigelbe	1 Päckchen Backpulver
2–3 Eiweiß	3 Essl. Kakao
500 g Mehl	2 Essl. Zucker
¼ l Milch (reichlich)	2 Essl. Fett zum Ausstreichen der Form
	2 Essl. Zucker zum Bestreuen

Zutaten bis zum Kakao wie im vorhergehenden Rezept zusammenrühren. Kakao mit Zucker vermengen. Die eine Hälfte des Teiges mit dem Kakao vermischen. Teig in die vorbereitete Form geben, abwechselnd 1 Esslöffel Kakao und 1 Esslöffel weiße Masse und mit der Gabel nochmals durchziehen. Backzeit 1 Stunde.

Napfkuchen aus Roggenmehl

200 g Roggenmehl	2 Eier
65 g Kartoffelmehl	⅛ l Milch
125 g Butter	Saft und Schale ½ Zitrone
125 g Zucker	¾ Päckchen Backpulver
25 g süße Mandeln	

Butter und Zucker schaumig schlagen, Eigelb, nach und nach Milch, Mehl, Mandeln, Zitrone, zuletzt Backpulver und Eiweißschnee daruntermischen. Den Teig in eingefetteter Form (Küchenwunder[7]) 1 Stunde backen.

Rädergebäck

250 g Mehl	2 Eigelbe	etwas abgeriebene Zitronenschale
50 g Butter	4 Essl. Milch	Fett zum Ausbacken
50 g Zucker	1 Prise Salz	Zucker zum Bestreuen

In das Mehl die mit Eigelb verquirlte Milch und die übrigen Zutaten geben, alles gut verrühren, dann kneten und kalt stellen. Danach den Teig messerrückendick ausrollen, mit dem Kuchenrädchen in 4 cm breite und 10 cm lange Streifen rädeln, in die Mitte einen Einschnitt machen und ein Ende durchziehen. In Fett ausbacken, mit Zucker bestreuen.

Ausbackfett:

⅓ Nierentalg	⅓ Schmer	⅓ ausgelassene Margarine oder Kochbutter

Blätterteig

½ Pfd. gute Butter	⅛ l kaltes Wasser
½ Pfd. Weizenmehl	1–2 Essl. Rum
½ Ei	1 Teel. Salz oder 1 Essl. Zucker

---

7   Anm. des Verlags: Topf aus Aluminium mit zugehörigem Deckel.

Butter flach drücken und kalt legen, am besten auf Eis. Die übrigen Zutaten zu einem Teig verrühren, diesen kurz kneten und ½ cm dick ausrollen. Butter auf die Mitte des Teiges legen, die Ränder von allen Seiten darüber schlagen, den Teig wenden, ausrollen und. viermal wieder zusammenschlagen wie das erste Mal. Zwischen den einzelnen Touren kalt stellen (Eis) und kurze Zeit ruhen lassen. Danach 1 cm dick ausrollen, in beliebige Formen schneiden, bei guter Hitze hellbraun backen und zu Fleischspeisen oder als Gebäck verwenden.

PASTETEN

Den Boden der Pastetenformen mit Blätterteig belegen, diesen ringsum mit Wasser oder Ei bestreichen, Streifen schneiden und als Rand aufsetzen, den Hohlraum mit zusammengeballtem Seiden- oder Butterpapier ausfüllen, ausgestochenen Deckel daraufgeben und hellbraun backen. Dann Deckel und Papier vorsichtig entfernen, die Pasteten aus der Form nehmen und mit gutem Würzfleisch füllen.

Der ausgerollte Blätterteig kann auch mit Formen ausgestochen, auf einem mit Wasser bestrichenem Blech gebacken und dann zusammengesetzt werden.

BISKUITTEIG

Biskuitteig ist gerührter Teig ohne Butter. Durch tüchtiges Schlagen der Eier mit dem Zucker (mindestens 20 Minuten mit Schneebesen) erübrigt sich die Zugabe von Lockerungsmitteln. Der fertige Teig darf nicht lange stehen, sondern muss sofort bei Mittelhitze gebacken werden.

APFELSINENTORTE

Teig:

| 4 Eier | 160 g Zucker | 120 g Mehl |

Creme:

¼ l Milch	60 g Mondamin
50 g Zucker	1 Ei
60 g. Butter	Saft von 2 Apfelsinen
2–3 Apfelsinen zum Belegen	

Zubereitung des Teiges siehe Biskuitteig. Aus dieser Teigmasse 2 Tortenböden dunkelgelb backen.

C r e m e : Milch mit Butter und Zucker kochen, das mit wenig kalter Milch angerührte Mondamin zugeben, unter Rühren aufkochen lassen, Ei und Apfelsinensaft daruntermischen.

Einen Tortenboden mit dieser Fülle bestreichen, den 2. Tortenboden darauflegen, obere Fläche und Rand mit Zuckerguss bestreichen, mit Apfelsinenspalten und Apfel- und Johannisbeergelee oder Aprikosenmarmelade garnieren.

BISKUITROLLE

4 Eier	120 g Mehl (halb Kartoffel-, halb Weizenmehl)
120 g Zucker	etwas abgeriebene Zitronenschale
200 g Marmelade	Pergamentpapier

Eier und Zucker ½ Stunde rühren, die übrigen Zutaten nach und nach hinzugeben. Backblech gut einfetten, Pergamentpapier darauf, auch einfetten, die Masse 1 cm dick darauf streichen, bei mäßiger Hitze 10-15 Minuten gelb backen. Schnell mit Marmelade bestreichen und auf dem Blech noch warm zusammenrollen, kalt werden lassen, in schräge Streifen schneiden. Die fertige Rolle kann mit Marmelade oder Zuckerguss bestrichen und mit Mandeln bestreut werden.

BISKUITPLÄTZCHEN

4 Eier

½ Pfd. Mehl

½ Pfd. Zucker

etwas abgeriebene Zitronenschale

Eier und Zucker 20 Minuten mit dem Schneebesen schlagen, Mehl in 3 Schichten daruntergeben. Auf ein eingefettetes Blech mit einem Teelöffel Plätzchen setzen, diese eine Zeit lang kalt stellen, dann backen.

BISKUITTORTE

6 Eier

240 g Zucker

180 g Mehl

1 Teel. geriebene Zitronenschale

Eier mit Zucker schaumig schlagen (20–30 Minuten). Mehl vorsichtig darunterrühren und das Gewürz zugeben. Teig in die gut eingefettete, mit geriebenem Zwieback ausgestreute Form geben, bei mäßiger Hitze backen.

BISMARCKEICHE

4 Eier

160 g Zucker

120 g Mehl (halb Weizen-, halb Kartoffelmehl),

etwas abgeriebene Zitronenschale

Buttercreme von ½ Pfd. Butter

Zubereitung wie bei der Biskuitrolle. Zum Füllen und Überziehen Schokoladenbuttercreme verwenden, mit Mandeln und Pistazien bestreuen. Den Biskuitteich kann man auch in einer Rehrückenform backen, durchschneiden, mit Buttercreme füllen und überziehen.

GERÜHRTER TEIG

Mehl sieben. Stets nach einer Seite rühren. Das Treibmittel ist Luft, die hineingerührt wird. Bei kleinem Gebäck ½, bei Sandtorte 1 Stunde rühren. Eiweißschnee erst zuletzt und vorsichtig darunterziehen. Teig sofort backen. Erschütterung, Zugluft dem Gebäck fernhalten. Bei Mittelhitze backen.

SANDTORTE

¾ Pfd. Butter	1 Päckchen Vanillezucker
1 Pfd. fein gemahlenen Zucker	1 Teel. geriebene Zitronenschale
6–8 Eigelbe	2 Essl. Rum
1 Pfd. Kartoffelmehl	6–8 Eischnee

Zutaten nacheinander 1 Stunde schaumig rühren, zuletzt vorsichtig den Eischnee darunterziehen, Teig in die Form geben und backen. Erst nach dem Erkalten aus der Form nehmen. Backzeit 1 Stunde.

SPRITZGEBÄCK

125 g Butter	100 g Zucker	1 Ei	250 g Mehl

Zutaten nacheinander schaumig rühren, Teig in die Teigspritze füllen, Figuren auf das vorbereitete Backblech spritzen und goldgelb backen.

VANILLESTANGEN (8–10 STÜCK)

1 Ei	50 g Zucker	1 Päckchen Vanillezucker
50 g Butter	70 g Mehl	

Butter, Zucker, Ei nacheinander schaumig rühren. Das gesiebte Mehl langsam dazugeben, zuletzt den Vanillezucker daruntermischen. Teig sofort in die vorbereitete Form geben und goldbraun backen. Wenn es nötig ist, die Stangen wenden.

HEFETEIG

Alle Zutaten vorher warm stellen. Frische Hefe verwenden. Bei jedem Hefeteig erst ein Hefestück ansetzen. Dazu die Hälfte des zu verwendenden Mehles, die Hälfte der angegebenen Milch, wenn diese mehr als ⅛ l beträgt, sonst alle Milch, die Hefe und 1 Prise Zucker verwenden.

Hefestück: Hefe zerbröckeln, mit lauwarmer Milch und Zucker verrühren, in die Mitte des Mehles gießen, vorsichtig von dem Mehl darunter rühren, bis eine dickflüssige Masse entsteht. Zudecken, 15 Minuten gehen lassen. Das Hefestück mit dem übrigen Teig gut vermischen und tüchtig kneten, bis er sich von der Hand löst.

Der fertige Teig muss in der Form oder auf dem Blech ½–1 Stunde gehen. Pfannkuchen müssen noch ein drittes Mal gehen.

Hefegebäck braucht stärkere Backhitze als Backpulvergebäck.

Hefegebäck nicht anstoßen, auch nicht sofort nach dem Backen in einen kalten Raum bringen.

HEFETEIG ZU OBSTKUCHEN

¾ Pfd. Mehl	50 g Butter (1 Ei)
reichlich ⅛ l Milch	4 Essl. Zucker
25 g Hefe	1 Prise Salz

Erst Hefestück ansetzen, dann Hefeteig fertig stellen, ½ Stunde gehen lassen, ausrollen, mit Obst belegen, nochmals ½ Stunde gehen lassen, Butterflöckchen daraufgeben, ½–¾ Stunde backen.

APFELKUCHEN

Hefeteig siehe: oben.

Auflage:

6 Stück Zwiebäcke	80 g Butter
4 Pfd. mürbe Äpfel	20 süße Mandeln
180 g Zucker	2 Essl. Rosinen

Hefeteig herstellen, ½ Stunde gehen lassen, auf dem Blech gleichmäßig stark ausrollen, mit geriebenem Zwieback bestreuen, Apfelschei-

ben schuppenartig darauflegen, mit Zucker bestreuen, Butterflöckchen, geschnittene Mandeln und Rosinen daraufgeben, Teig nochmals
½ Stunde gehen lassen, danach backen. Backzeit ½–¾ Stunde.

QUARKKUCHEN

Hefeteig: Siehe Hefeteig zu Obstkuchen

Auflage:

1½ Pfd. Quark	2 Eidotter
⅛ Milch	1 Prise Salz
125 g Zucker	Zitronensaft und Zitronenschale
2 Essl. Kartoffelmehl	60 g Korinthen

Hefeteig herstellen, ½ Stunde gehen lassen, auf dem Blech gleichmäßig stark ausrollen, Quark durch ein Sieb drücken, danach schaumig
rühren, Milch, Zucker, Kartoffelmehl, Eidotter, Salz, Zitronenschale
und -saft und Korinthen hinzufügen, gut vermengen. Die Masse auf
den ausgerollten Kuchen streichen, Korinthen darüberstreuen, 30
Minuten gehen lassen, dann backen. Backzeit ½–¾ Stunde.

STREUSELKUCHEN

Hefeteig: Siehe Hefeteig zu Obstkuchen

Streusel:

¼ Pfd. Butter	¼ Pfd. Zucker
½ Pfd. Mehl	1 abgeriebene Zitrone oder 1 Prise Zimt
	3 Essl. Milch

Hefeteig herstellen, ½ Stunde gehen lassen, auf dem Blech gleichmäßig stark ausrollen, mit Milch bestreichen.

Mehl, Zucker, Zitronenschale oder Zimt vermengen, Butter zer-
lassen, in die Mitte des Mehles gießen, mit der Gabel vermengen, so

dass Klümpchen werden. Streusel auf den ausgerollten Kuchen geben, nochmals ½ Stunde gehen lassen, danach backen. Backzeit ½ Stunde.

DAMPFNUDELN (12 STÜCK)

1 Pfd. Mehl	1 Ei
35g Hefe	1 Prise Salz
¼ l Milch (knapp)	½–¾ l Milch
50 g Butter	1 Essl. Zucker
4 Essl. Zucker	3 Essl. Butter oder Fett

Hefeteig herstellen, Klöße formen, ½ Stunde gehen lassen. Milch, Butter oder Fett und Zucker in einer großen Pfanne (mit hohem Deckel) zum Soden bringen, Hefeklöße vorsichtig nebeneinander hineinlegen, 15 Minuten zugedeckt backen lassen, Deckel entfernen und so lange backen, bis die Milch aufgesaugt ist und das Gebäck braun aussieht. Backzeit ¾–1 Stunde. Man reicht Weinschaum, Vanilletunke oder Kompott dazu.

HEFEKRANZ

1½ Pfd. Mehl	¼ Pfd. Zucker
⅜ l Milch	2 Eier
40 g Hefe	abgeriebene Schale von ½ Zitrone
¼ Pfd. Butter	Butter zum Bestreichen
	Zucker und 10 süße Mandeln zum Bestreuen

Hefeteig herstellen, ½ Stunde gehen lassen, Teig in 3 Teile teilen, in gleichlange handbreite Bänder ausrollen, Fülle darauf streichen, zusammenrollen und zu einem Kranz flechten, ihn auf dem Backblech nochmals ½ Stunde gehen lassen. Mit Butter oder Ei bestreichen, mit abgezogenen, feingeschnittenen Mandeln und etwas Zucker überstreuen. ¾ Stunde backen lassen.

Fülle zum Hefekranz:

1 Ei	¼ Pfd. süße Mandeln
4 Essl. Zucker	4 Essl. Sultaninen
4 Essl. süße Sahne	

Ei und Zucker schaumig rühren, die übrigen Zutaten hinzufügen, und den Kranz damit füllen.

HEFEPLINSEN

¾ l Milch	1 Teel. Salz
¾ Pfd. Mehl	4 Essl. Zucker
3 Eier	1 Prise Zimt
20 g Hefe	½ Pfd. Marmelade oder Gelee
	Speckschwarte

Mehl u Milch erwärmen, Hefe zerbröckeln, mit ½ Tasse lauwarmer Milch verquirlen, die Hälfte der übrigen Milch mit Ei und Gewürzen verrühren, mit dem Mehl zu einem glatten Brei anquirlen. Die angerührte Hefe und die übrige Milch zugeben. ¾ Stunde gehen lassen. Der Topf muss groß genug sein, da die Masse um die Hälfte steigt. Tiegel mit Speckschwarte ausreiben, 1 Schöpflöffel Teig hineingeben, Plinsen auf beiden Seiten goldbraun backen. Die fertigen Plinsen mit Marmelade bestreichen und zusammenrollen.

KARTOFFELKUCHEN

½ Pfd. Kartoffeln	4 Essl. Zucker
½ Pfd. Mehl	Zitronenschale
25 g Hefe	60 g Korinthen
⅛ l Milch (knapp)	Butter zum Bestreichen
4 Essl. Fett	Zucker zum Bestreuen

Kartoffeln am Tag vorher kochen, am nächsten Tag schälen und reiben. Hefestück herstellen, Fett schaumig rühren, Zucker, Zitronenschale, Kartoffeln und Hefestück hinzufügen, Teig tüchtig schlagen, zuletzt Rosinen daruntermengen. Teig ½ Stunde gehen lassen, ausrollen und backen. Sofort mit zerlassener Butter bestreichen und mit Zucker bestreuen.

NAPFKUCHEN

500 g Mehl	100 g Zucker
30 g Hefe	1 Teel. geriebene Zitronenschale
¼ l Milch	25 süße, 5 bittere Mandeln
120 g Butter oder Fett	150 g Rosinen
1 Prise Salz	3 Essl. Butter zum Bestreichen
	2 Essl. Zucker zum Bestreuen

Zutaten warm stellen, Hefestück herstellen, 15 Minuten gehen lassen. Inzwischen Butter schaumig rühren, Zucker, Salz, Zitronenschale, die übrige Milch, das übrige Mehl, sowie die gewiegten Mandeln dazugeben. Danach das gegangene Hefestück hinzufügen, den Teig tüchtig schlagen und zuletzt die Rosinen daruntergeben. Den Teig in die vorbereitete Form füllen, ihn nochmals ¾–1 Stunde gehen lassen und dann ¾–1 Stunde backen. Nach dem Backen mit heißer Butter bestreichen und mit Zucker bestreuen.

PFANNKUCHEN (30 STÜCK)

1¼ Pfd. Mehl	2 Essl. Zucker
40 g Hefe	1 Teel. Salz
¼ l Milch	1 Teel. geriebene Zitronenschale
90 g Fett	½ Pfd. Marmelade
2 Eier	Backfett
	Zucker zum Bestreuen

Hefeteig herstellen, ½ Stunde gehen lassen, 1 cm stark ausrollen, auf die untere Hälfte des Teiges mit dem Glas Abdrücke machen, in die

Mitte Marmelade geben, Ränder mit Eiweiß bestreichen, obere Teig-hälfte darüber schlagen, um die Erhöhungen herum festdrücken, mit einem Glas Pfannkuchen ausstechen, diese auf bemehltem Brett ½ Stunde gehen lassen, in dampfendem Fett auf beiden Seiten gold-braun backen, mit Zucker bestreuen.

STOLLEN

10 Pfd. Mehl	20 g Salz	6 Essl. Rum z. Aufquellen
300 g Hefe	½ Pfd. Süße Mandeln	½ Teel. Muskatblüte
2 l Milch	⅛ Pfd. bittere Man-deln	abgeriebene Schale v. 2 Zitronen
2½–3 Pfd. Butter	½ Pfd. Zitronat	1 Pfd. Staubzucker[8]
2 Pfd. Zucker	2½ Pfd. Sultaninen	2 Päckchen Vanillezucker

Hefestück mit 1 l Milch herstellen, 1 Stunde gehen lassen. Butter, Zucker, Salz dazugeben. Den Teig mit Mehl und dem Rest der Milch so lange knetet bis er sich von Hand und Schüssel löst. Danach die übrigen, gut vorbereiteten Zutaten darunter kneten. Die Teigmasse in 3–5 Teile teilen. Diese nochmals durcharbeiten, dann Stollen formen, diese 1 Stunde gehen, 1 Stunde backen lassen. Noch heiß mit Butter bestreichen, mit Zucker bestreuen.

MÜRBETEIG

Der Mürbeteig muss in einem kalten Raum hergestellt und mit kalten Händen in kurzer Zeit zusammengeknetet werden, da sonst der Teich zu weich wird. Dann den Teig ½ Stunde ruhen lassen, mit wenig Mehl ausrollen und bei Mittelhitze backen. Die Backform muss leicht mit Mehl bestreut werden.

---

8   Anm. des Verlags: Staubzucker ist ein Begriff für Puderzucker, der heutzutage vor allem in Österreich, aber auch in Thüringen und Sachsen-Anhalt verwendet wird.

Tortenboden für Obsttorten (Aprikosentorte)

½ Pfd. Mehl	¼ Pfd. Butter	60 g Zucker
2 Eigelbe	½ Eischale voll Wasser	

In die Mitte des Mehls eine Vertiefung machen, Zucker, Ei und Wasser hineingeben, Butterflöckchen auf den Rand verteilen, alles gut verrühren, kurze Zeit kneten und kalt stellen. Teig zu einer runden Platte ausrollen, Form damit auslegen, mit der Gabel einige Male einstechen, Rand fest andrücken, bei Mittelhitze backen.

Als Auflage:

2 Pfd. frische Aprikosen	½ l Wasser	10 Essl. Zucker

Aprikosen halbieren, Kerne entfernen, in kochendes Zuckerwasser geben, fast weich kochen, danach auskühlen lassen. Obst auf den Tortenboden legen, in ¼ l Saft 4 Blatt weiße Gelatine auflösen. Wenn dies anfängt zu gelieren, über das Obst gießen und steif werden lassen.

Getrocknete Aprikosen:

½ Pfd. getrocknete Aprikosen	8 Essl. Zucker	¾ l Wasser

Aprikosen am Tag vorher waschen und einweichen. Am nächsten Tag mit dem Einweichwasser und Zucker ansetzen, nicht zu weich kochen lassen, dann kalt stellen. Weitere Zubereitung wie bei frischen Aprikosen.

Obsttörtchen

Den Mürbeteig ausrollen, mit einem Glas kleine Tortenböden ausstechen, den Rand mit einer bleistiftstarken Rolle belegen, diese mit Eigelb bestreichen und backen. Die ausgekühlten Törtchen mit frischem Obst oder mit eingekochten Früchten belegen.

GEFÜLLTE TEEPLÄTZCHEN

Mürbeteig herstellen, ausrollen, mit Glas oder Form gleichmäßig große Plätzchen ausstechen und leicht braun backen. Die flache Seite mit Marmelade bestreichen, ein zweites Plätzchen darauflegen und mit Puderzucker bestreuen.

SPEKULATIUS

½ Pfd. Butter	200 g Zucker	½ Päckchen Vanillezucker
1 Pfd. Mehl	2 Eier	

Aus den Zutaten Mürbeteig zubereiten und kalt stellen. Danach messerrückenstark ausrollen, Figuren ausstechen, auf eingefettetem Blech bei Mittelhitze goldgelb backen.

VANILLEBREZELN

Mürbeteig herstellen, zu bleistiftstarken 12–15 cm langen Rollen formen, daraus Brezeln legen, goldgelb backen, mit Puderzucker bestreuen oder mit Glasur bestreichen.

WEIHNACHTSGEBÄCK

ANISPLÄTZCHEN

120 g Zucker	1 Prise Salz	¼ Pfd. Mehl
1 Ei	1 Teel. Zitronensaft	1 Teel. Backpulver
1 Messerspitze Anis	1 Teel. Vanillezucker	

Zucker, Ei und Gewürze 20 Minuten rühren, langsam Mehl hinzufügen, zuletzt das mit Mehl vermengte Backpulver. Teig tüchtig kneten, ausrollen, runde Plätzchen ausstechen, diese mit kaltem Wasser bestreichen, bei Mittelhitze auf gut eingefettetem Blech hellgelb backen.

BRAUNER LEBKUCHEN

2 Pfd. Mehl	2 g gestoßenen Kardamom
¼–½ Pfd. gewiegte süße Mandeln	geriebene Schale von ½ Zitrone
50 g bittere Mandeln	25 g Pottasche
1 Päckchen Vanillezucker	2 Essl. Wasser
10 g gestoßenen Zimt	zum Auflösen der Pottasche
5 g gestoßene Nelken	1 Pfd. Honig
300 g Zucker	

Zutaten wie bei Pfefferkuchen (Seite 107) vorbereiten und mischen, dann gut verkneten. Teig einen Tag am warmen Ofen stehen lassen. Am nächsten Tag den Teig auf gut eingefettetem Blech 1½ cm stark ausrollen, mit Ei bestreichen, mit Mandeln oder Zitronat belegen, bei mäßiger Hitze backen. Den Teig noch warm in Rechtecke oder Vierecke schneiden.

Man kann den Kuchen auch unbestrichen und unbelegt backen, ihn nach dem Backen mit dünnem Zucker- oder Schokoladenguss bestreichen, dann schneiden.

HONIGKUCHEN

½ Pfd. Roggenmehl	½ Teel. Zimt
190 g Honig	½ Teel. gestoßene Nelken
25 g Butter	½ Teel. Backpulver
25 g Zucker	1 g Hirschhornsalz
1 Ei	1 Essl. Wasser zum Auflösen

Die Hälfte des gesiebten Mehls mit Gewürzen, Zucker und Ei vermischen, Honig und Butter kochen, zugeben, nach und nach das übrige Mehl, zuletzt das Backpulver und das aufgelöste Hirschhornsalz daruntermischen. Den Teig kneten, auf gefettetem Blech ausrollen, ¼ Stunde backen, noch warm in Stücke schneiden und mit Zuckerguss überziehen.

Makronen

250 g süße Mandeln	¼ Pfd. Staubzucker
10 g bittere Mandeln	2 Eiweiß
	1–2 geriebene Zwiebäcke

Eiweiß sehr steif schlagen, mit Zucker längere Zeit verrühren. Geschälte und geriebene Mandeln hinzufügen, ebenso geriebenen Zwieback. Mit 2 Teelöffeln kleine Häufchen auf Oblaten setzen, mehr trocknen als backen.

Pfefferkuchen

1¼ Pfd. Zucker	¼ Pfd. süße Mandeln
½ Pfd. Honig	¼ Pfd. Zitronat
¼ Pfd. Butter	etwas Zitronenschale
1 Obertasse Milch	8 g gestoßenen Zimt (1 Teel.)
2 ½ Pfd. Mehl	2 g gestoßene Nelken (1 Prise)
2 Eier	24 g Pottasche
1 Dotter	1 Likörglas Rum
	¼ Pfd. geriebene Schokolade

Zucker, Honig, Butter, Milch aufkochen, bis alles flüssig ist. Die Masse ins Mehl schütten, Eier, die ungeschälten, grob gewiegten Mandeln und alle übrigen Gewürze, zuletzt die in etwas Milch aufgelöste Pottasche hinzufügen. Den Teig 14 Tage stehen lassen. 1 cm stark ausrollen, mit Formen ausstechen und auf eingefettetem Blech backen.

Die Figuren vor dem Backen mit kaltem Wasser bestreichen, nach dem Backen mit Zitronen- oder Schokoladenguss glasieren, zum Trocknen nochmals in den Ofen legen. 8–14 Tage nach dem Backen ist das Gebäck mürbe und schmackhaft.

SCHAUMKONFEKT

6 Eiweiß	375 g Staubzucker

Eiweiß zu Schnee schlagen, mit Zucker schnell vermischen, mit einer Teigspritze auf ein gewachstes Blech Ringe und Brezeln spritzen. Sofort mit buntem Zucker bestreuen, bei gelinder Hitze mehr trocknen als backen.

SCHOKOLADENKRÄNZE

60 g Butter	60 g Kakao
½ Pfd. Zucker	300 g Mehl
2 Eier	1 Päckchen Backpulver
	bunten Zuckergrieß

Gerührten Teig herstellen, bleistiftstarke Röllchen formen, diese zu Kränzen zusammenlegen und auf dem vorbereiteten Blech backen, mit Zuckerwasser oder Eiweiß bestreichen, mit buntem Grieß bestreuen.

ZIMTSTERNE

150 g Butter	(50 g süße Mandeln)
200 g Zucker	2–3 Essl. Milch
1–2 Eier	1 Pfd. Mehl
5 g Zimt (1 Teel.)	1 Päckchen Backpulver

Butter schaumig rühren, Zucker, Eier, Zimt, (geriebene Mandeln), nach und nach Milch und Mehl, zuletzt Backpulver daruntermischen. Teig kneten, ausrollen, Sterne ausstechen, auf gefettetem Blech bei

mäßiger Hitze backen. Vor dem Backen kann man die Plätzchen mit
Ei bestreichen.

FÜLLE UND GUSS ZU TOR-
TEN UND KUCHEN

APFELFÜLLE

1½ Pfd. Äpfel	1 Essl. Korinthen
½ l Wasser	1 Prise Zimt
5 Essl. Zucker	1 Essl. geriebene Semmel
1 Stück Zitronenschale	1 Teel. Zitronensaft
	1 Essl. Rum

Apfel in Zuckerwasser mit Zitronenschale weich kochen, durchschlagen, mit den übrigen Zutaten vermengen.

BUTTERCREME

100 g Butter	100 g Staubzucker
	1–2 Eigelb (können auch wegbleiben)

Butter schaumig rühren, Eigelb und gesiebten Zucker hineingeben.
Dazu geschmackgebende Zutaten, z.B.:
   20 g geriebene Mandeln oder Nüsse
   oder 75 g erweichte Nougatmasse (dann 20 g Zucker weniger)
   oder das Mark von ½ Stange Vanille
   oder 60g geriebene Schokolade
   oder 2–3 Essl. Kakao
   oder 2–3 Essl. Zitronen- oder Apfelsinensaft und geriebene Schale
   von ¼ Frucht
   oder 2 Essl. Rum oder Likör
   oder 2 Essl. Kaffee-Extrakt (aus 15 g Kaffee und ⅛ l Wasser).

Buttercreme (gestreckt)

¼ l Milch	125 g Butter
2 Essl. Mondamin	150 g Staubzucker

Milch mit Mondamin dickkochen. Butter und Zucker schaumig rühren, esslöffelweise Mondaminbrei zugeben, danach eine geschmackgebende Zutat (siehe oben) hinzufügen.

Nussfülle

2 Eier	etwas Zitronenschale
¼ Pfd. Staubzucker	¼ Pfd. geschälte geriebene Hasel- oder Walnüsse

Eier und Zucker dickschaumig rühren, Zitronenschale und Nüsse hinzufügen.

Quarkfülle

2 Pfd. Quark	⅛ Pfd. Rosinen
1–2 Eidotter	1 Essl. Rum
120 g Zucker	2 Essl. Kartoffelmehl
etwas gewiegte Zitronenschale	Saft von 1 Zitrone
	(wenn nötig etwas Milch)

Quark durch ein Sieb drücken, tüchtig schlagen, mit den übrigen Zutaten vermengen.

Vanillecreme

50 g Kartoffelmehl	¾ l Milch oder Wasser
50 g Weizenmehl	1 Schote Vanille oder
100 g Zucker	2 Päckchen Vanillezucker
1–2 Eier	120 g Butter

Mehl mit Zucker, Eier, Flüssigkeit, Vanillezucker oder dem Mark einer Vanilleschote verquirlen, im heißen Wasserbad so lange schlagen, bis die Masse dick ist, erkalten lassen, dabei ab und zu rühren, damit sich keine Haut bildet, Butter schaumig rühren, die erkaltete Creme esslöffelweise daruntergeben.

SCHOKOLADENGUSS

100 g Puderzucker   60 g Kakao

3–4 Essl. Wasser   40 g Palmin (flüssig)

Zutaten vermischen, auf dem Ofen solange rühren, bis die Masse einmal aufgekocht hat und glänzend wird. Den Guss sofort über das warme Gebäck streichen.

WEISSER GUSS I

150 g Puderzucker   1 Eiweiß   2 Essl. Zitronensaft

Eiweiß zu Schnee schlagen. Puderzucker sieben und langsam mit dem Zitronensaft unter den Eischnee rühren. Den Guss schnell über das Backwerk geben, mit einem Messer breitstreichen. Einige Minuten in lauwarmer Röhre trocknen lassen.

WEISSER GUSS II

150 g Puderzucker   oder 2–3 Essl. Rum

2–3 Essl. Zitronensaft   oder 2—3 Essl. Himbeer- oder
                           Preiselbeersaft

                          oder 2–3 Essl. Kaffee-Extrakt

Puderzucker sieben, mit der Flüssigkeit vermischen, auf einer nicht zu heißen Stelle des Herdes glattrühren. Den Guss warm auf das Gebäck streichen.

KINDERKOST

Sie soll nicht zu viel Eiweiß, dafür mehr Stärkemehl, Mineralstoffe und Vitamine enthalten. Deshalb soll man wenig Fleisch, aber viel trockene und grüne Gemüse, Milch, frisches und gedünstetes Obst verwenden. Alle scharfen Gewürze (siehe Krankenkost) sind zu vermeiden. Verboten sind Alkohol in jeder Form, Bohnenkaffee und schwarzer Tee.

APFELSUPPE

1 Pfd. Apfel	1 l Wasser	1 Stück Zitronenschale	6 Essl. Zucker
2 Essl. Kartoffelmehl	5 Essl. Milch	1 Prise Salz	

Die Äpfel waschen, Blüte, Stiel, faulige Stellen entfernen, in Scheiben schneiden, mit Wasser und Zitronenschale kochen, durch ein Sieb streichen, wieder zum Kochen bringen. Das in Milch angerührte Kartoffelmehl zugeben, einmal aufkochen lassen, süßen und mit Zwiebäcken anrichten.

Aus allen anderen Obstarten kann man ähnliche Suppen zubereiten. Dem Geschmack des Obstes entsprechend gibt man mehr oder weniger Zucker oder Zitronensaft zu.

ERDBEERMILCH

1 Pfd. Erdbeeren	100 g Zucker
1 l Milch	Zwiebäcke

Die Erdbeeren waschen, lesen, mit Silber- oder Glaslöffel zerdrücken, einzuckern, nach ½ Stunde mit der frischen Milch vermischen und zerkleinerten Zwieback zugeben.

Gemüse von jungen Erbsen

½ Pfd. Schotenkerne

¼ l Fleischbrühe

1 Stich Butter

1 Essl. Grieß

Petersilie

Die Schotenkerne in der Fleischbrühe fast weich kochen (etwa 20 Minuten), den Grieß einstreuen, noch 15 Minuten langsam kochen, die Butter zugeben und mit gewiegter Petersilie anrichten.

Griessbrei ohne und mit grünem Gemüse

¼ l Fleischbrühe

2 Essl. Grieß

1 Stich Butter

1–2 Essl. Spinat

Möhren-, Blumenkohl-

oder Spargelbrei

In die kochende Fleischbrühe den Grieß einstreuen und den Brei ½ Stunde langsam kochen. Butter kurz vor dem Füttern unter den Brei rühren. Er dient als 1. Löffelmahlzeit im 6.–7. Monat, bei Abneigung des Säuglings gegen den Fleischbrühgeschmack anfangs mit Gemüsewasser und Zucker kochen. Nach 2 Wochen weichgekochtes, durchgerührtes Gemüse oder rohen, fein gewiegten Spinat oder Möhrensaft daruntermischen.

Griessflammeri mit gedünstetem Obst

¼ l Milch

1 Prise Salz

1 Stück Zitronenschale

einige süße Mandeln

1 Essl. Zucker

3 Essl. (35 g) Grieß

1 Essl. Butter

1 Eidotter

Die Milch mit den Gewürzen zum Kochen bringen, den Grieß einstreuen und unter fortwährendem Rühren 5 Minuten langsam kochen lassen. Den Brei vom Ofen nehmen, Butter und Eidotter dazu rühren und in eine mit kaltem Wasser ausgespülte Form füllen. Nach dem

Erkalten stürzen und mit Fruchtsaft oder gedünsteten Kirschen, Pflaumen, Johannis-, Erd-, Brombeeren reichen.

HAFERFLOCKENPUDDING UND ZITRONENTUNKE

¼ Pfd. Haferflocken	Saft und Schale von ¼ Zitrone
⅛ l Milch	1 Ei
3 Essl. Zucker	1 Essl. Kakao
1 Prise Salz	knapp 1 Teel. Backpulver

Die Haferflocken überspülen, mit der Milch vermischen, 1 Stunde weichen lassen, die übrigen Zutaten, zuletzt den Eischnee zugeben, gut mischen, den Teig in die eingefettete Puddingform oder in einen geradwandigen Topf geben, ¾ Stunde im Wasserbad (mit kaltem Wasser ansetzen) kochen, stürzen und warm mit gedünstetem Obst (am besten Pflaumen oder Heidelbeeren) oder Zitronentunke (wie Vanilletunke) anrichten. Erkalteten Pudding in Scheiben schneiden, mit oder ohne Marmelade reichen.

HAFERSCHLEIM

1 Essl. Haferflocken	(3% Abkochung:
¼ l Wasser	7½ g Flocken
	250 g Wasser)

Die Flocken überspülen, mit kaltem Wasser ansetzen, ½ Stunde kochen, den Schleim abgießen und als Verdünnungsflüssigkeit der Kuhmilch für Säuglinge im Alter bis zu 3 Monaten zusetzen. Für ältere Säuglinge 4–5% Abkochung (250 Wasser, 10—12½ g Flocken).

KALBSMILCH UND KARTOFFELMUS

1 Kalbsmilch	3 Essl. Mehl	⅜ l Wasser
⅜ l Wasser	½ Essl. Zitronensaft	½ Essl. Salz

1 Teel. Salz	¼ Teel. Zucker	knapp ¼ l Milch
4 Essl. Fett	1 Pfd. Kartoffeln	

Die Kalbsmilch 1 Stunde wässern, ½ Stunde in Salzwasser kochen, kalt überspülen und häuten. Eine helle Mehlschwitze bereiten, Brühe, Gewürze und die in Scheiben oder Würfel geschnittene Kalbsmilch zugeben, 15 Minuten langsam kochen lassen.

Die Kartoffeln waschen, schälen, in dicke Scheiben schneiden, mit Salz und Wasser weich kochen, abgießen, durch die Kartoffelpresse drücken, mit der Milch vermischen, gut schlagen und im Wasserbad bis zum Anrichten heiß halten.

MILCH MIT REIS

6 Essl. Reis	1 Teel. Salz
1 Teel. Milch	2 Essl. Butter
1 Stück Zitronenschale	2 Essl. Zucker
	1 Prise Zimt

Den Reis abquirlen, kochende Milch, Salz, Zitronenschale zugeben und etwa 1 Stunde langsam ausquellen lassen. Vor dem Anrichten Zucker und Butter zugeben.

REISSCHLEIM

2 Essl. Reis	¼ l Wasser

Den Reis abquirlen, mit kaltem Wasser ansetzen, 1½–2 Stunden kochen lassen, verdampftes Wasser ersetzen, den Schleim abgießen und wie Haferschleim verwenden. Eine dickere Schleimabkochung kann, mit wenig Butter und Salz vermischt, als Krankensuppe verwendet werden.

KRANKENKOST

Sie soll nahrhaft, leicht verdaulich, appetitanregend, abwechselnd und mild gewürzt sein. Deshalb muss sie alle Nährstoffe enthalten, besonders tierisches Eiweiß (zartes Fleisch, Eier, Milch), eiweißähnliche Stoffe (Gelatine oder Agar-Agar), Mineralstoffe (Obst, grünes Gemüse), Stärkemehl (Reis, Grieß, Sago, Haferflocken, Maismehl). Zu vermeiden sind schwerverdauliche Eiweißstoffe (Hülsenfrüchte), alle Fettarten außer Butter und Öl, alle scharfen Gewürze wie Essig, Pfeffer, Senf, Nelken, Mandeln und zu reichliche Mengen Zucker. Als Gewürze dienen Möhre, Tomate, Petersilie und die natürlichen Fruchtsäuren (Zitrone, Apfelsine), Salz ist in geringeren Mengen zu verwenden als bei der Kost für Gesunde.

Die Speisen müssen sorgfältig und appetitlich angerichtet sein. Sie dürfen dem Kranken weder zu heiß noch zu kalt gereicht werden.

In besonderen Krankheitsfällen gibt der Arzt Anweisungen.

FLEISCHBRÜHE MIT EI

¼ Pfd. mageres Rindfleisch	1 kleine Möhre
¼ Pfd. Griesknochen[9]	1 Tomate
½ l Wasser	(1 Stück Sellerie, 1 Petersilienwurzel)
1 Teel. Salz	1 Ei

Das Fleisch in kleine Würfel schneiden, mit den Knochen und den vorbereiteten, in Scheiben geschnittenen Gewürzen mit **kaltem** Wasser ansetzen, langsam zum Kochen bringen, 2–3 Stunden kochen lassen. Die Brühe durch ein Sieb gießen und halten. Das Ei oder nur den Dotter gut verquirlen und mit ¼ l Fleischbrühe vermischen.

---

9   Anm. des Verlags: Rinderknochen, die für Fonds verwendet werden.

GRIESSSUPPE

¼ l Fleischbrühe

1–1½ Essl. Grieß

1 Eidotter

2 Essl. kaltes Wasser

Den Grieß in die kochende Fleischbrühe einstreuen, 15—20 Minuten ausquellen lassen und die Suppe mit Eidotter abziehen.

HAFERFLOCKENSUPPE

⅛ l Wasser

2 Essl. Haferflocken

½ Teel. Salz

⅛ l Milch

1 Stich Butter

Die Haferflocken überspülen, mit kaltem Wasser ansetzen, 30 Minuten langsam kochen lassen, durch ein feines Sieb rühren, heiße Milch nachgießen und die Suppe mit Butter anrichten.

HAFERMEHLSUPPE

⅛ l Wasser

⅛ l Milch oder

¼ l Fleischbrühe

1 Essl. Hafermehl

½ Teel. Salz

1 Stich Butter

Das Hafermehl in der kalten Milch (Wasser) anrühren, in das kochende Wasser (Fleischbrühe) geben und 20 Minuten langsam kochen lassen. Butter und Salz kurz vor dem Anrichten zugeben.

SCHLEIMSUPPE

Siehe Kinderkost: Reis- oder Gräupchenschleim. Kann mit wenig Butter und Salz vermischt werden.

SEMMELSUPPE

2 Eckchen Semmel (50–60 g)	1 Stich Butter
½ Teel. Salz	¼ l kochendes Wasser

Die Semmel in Scheiben schneiden, mit Wasser überbrühen und mit Salz und Butter verrührt sofort auftragen.

BLUMENKOHLGEMÜSE

¼ l Wasser	1 kleinen Blumenkohl
⅛ l Milch	1 Essl. Mehl
½ Teel. Salz	1 Stich Butter
1 Eidotter	

Den Blumenkohl zuputzen, in Röschen teilen, in Milch und Wasser weich kochen, aus der Brühe herausnehmen. ⅓ der Brühe abkühlen, das Mehl darin anrühren, zu der übrigen kochenden Brühe geben, 10 Minuten langsam kochen lassen, mit Eidotter abziehen, die Butter zugeben, den Blumenkohl darin erhitzen, ohne das Gericht aufkochen zu lassen.

KALBSGEHIRN

2 Essl. Butter	Gehirn	1 Prise Salz

Die Butter zerlaufen lassen, das ¼ Stunde gewässerte, von Haut und Blutteilchen befreite Gehirn dazugeben und an nicht zu heißer Stelle auf beiden Seiten etwa 8 Minuten braten. Dem Kranken zu einem Gemüse oder auf leicht gerösteten Semmelscheibchen geben.

SCHABEFLEISCHKLÖSSCHEN MIT MÖH-RENGEMÜSE UND KARTOFFELN

200 g mag. Rindfleisch ohne Bein	½ Teel. Salz
1 Eidotter	5 Essl. Wasser oder Fleischbrühe

1 Prise Salz	1 Prise Zucker
1 Essl. Butter	Petersilie
3 mittelgroße Möhren (150 g)	1–2 Salzkartoffeln
1 Essl. Butter	

Eine Untertasse umgedreht in eine kleinere flache Schüssel legen, das Fleisch darauf und so mit dem Messer schaben, dass Haut und Sehnen zurückbleiben. Auf diese Weise bleibt der Fleischsaft erhalten. Geschabtes Fleisch mit Eidotter und Salz vermischen, mit nassen Händen 2 flache Klößchen formen, langsam in der zerlassenen Butter braten ohne zu bräunen. Die geschabten Möhren in feine Streifen schneiden, in Butter dünsten, die kochende Brühe zugeben, zugedeckt weich dünsten, mit Zucker würzen und mit Petersilie anrichten. Die frisch gekochten Kartoffeln durch die Presse drücken und sofort anrichten.

SCHAUMOMELETTE

1 Ei	1 Teel. Zucker
1 Prise Kartoffelmehl	1 Essl. Butter
1 Essl. Milch	1 Teel. Marmelade

Dotter vom Eiweiß trennen, mit Zucker, Milch, Mehl und zuletzt mit dem zu Schnee geschlagenen Eiweiß vermischen. In dem vorgewärmten Tiegel die Butter zerlaufen lassen, den Teig hineingeben, in der Röhre oder auf der Herdplatte mit einer erhitzten Stürze bedeckt, fest werden lassen. (Die Omelette nicht wenden und nicht bräunen.) Auf einen Teller gleiten lassen, zur Hälfte mit warmer Marmelade bestreichen, die andere Hälfte darüber klappen und sofort anrichten.

SCHLEIE ODER FORELLE MIT TOMATENTUNKE

½–¾ Pfd. Fisch	2 Essl. Butter
¾ l Wasser	1 Essl. Mehl

| 1 Essl. Salz | ¼ Pfd. Tomaten |
| 1 kleine Möhre | ¼ l Fischwasser |

Den Fisch sorgfältig vorbereiten, nicht bläuen (macht ihn schwer verdaulich) sondern schuppen, in das mit Möhre und Salz ¼ Stunde vorgekochte Wasser legen, einmal aufkochen und 10 Minuten ziehen lassen. Aus Mehl, Butter und Fischwasser eine helle Mehlschwitze zubereiten, die Tomaten schneiden, durchschlagen, mit der Mehlschwitze verrühren und 5 Minuten kochen lassen.

SPINAT MIT RÜHREI

2 Essl. Butter	1 Ei
1 Essl. Mehl oder geriebene Semmel	2 Essl. Milch
½ Pfd. Spinat	1 Prise Salz
1 Prise Salz	1 Essl. Butter

Das Mehl in der Butter hellgelb schwitzen, den rohen, feingewiegten Spinat zugeben und 5 Minuten im zugedeckten Topf kochen lassen. Das Ei mit Milch und Salz verquirlen, in die zerlassene Butter geben und auf Wasserdampf zu lockerer, weicher Masse rühren.

JUNGE TAUBE MIT SCHOTENGEMÜSE UND GRIESSKLÖSSCHEN

1 junge Taube	2 Essl. Mehl
3 Essl. Butter	Petersilie
3–4 Essl. Wasser	1 Tasse Milch
½ Teel. Salz	reichlich ½ Tasse Grieß
¼ Pfd. Schotenkerne	½ Teel. Salz
1 Prise Salz	1 Essl. Butter
⅛ l Wasser	1 Eidotter
1 Essl. Butter	½ l Salzwasser zum Kochen der Klöße

Die sorgfältig gereinigte Taube mit Salz einreiben, in der zerlassenen Butter anbraten, ohne sie zu bräunen, das heiße Wasser zugeben und zugedeckt etwa ½ Stunde dünsten lassen. Herz, Leber, Magen in der Tunke weichschmoren oder zu einer Suppe verwenden.

Die Schotenkerne in dem Wasser weich kochen, durch ein Haarsieb streichen und mit der hellen Mehlschwitze durchkochen.

Beim Anrichten fein gewiegte Petersilie zugeben.

Aus Milch und Grieß einen dicken Brei kochen, mit Ei und Butter verrühren, erkalten lassen, mit angefeuchteten Händen Klößchen formen, in Salzwasser 5 Minuten kochen lassen.

APFELREIS

3 Essl. Reis	1 Essl. Zucker
⅛ l Wasser	⅛ l Wasser
½ Teel. Salz	2 Äpfel
1 Stück Zitronenschale	

Den abgequirlten Reis mit kaltem Wasser ansetzen und langsam zum Kochen bringen. Nach 10 Minuten Kochzeit die geschälten, in Scheiben geschnittenen Äpfel, die Gewürze, noch ⅛ l Wasser zugeben und ½ Stunde langsam kochen lassen.

APFELSCHNEE

1–2 Eiweiß	1 Essl. Zucker	1 Apfel

Das Eiweiß zu Schnee schlagen, mit dem Zucker und dem geriebenen Apfel vermischen und sofort anrichten.

APFELSINENGELEE

Saft von 2 Apfelsinen (8 Essl.)	1 Blatt weiße
2–3 Essl. Zucker	1 Blatt rote Gelatine
½ Essl. Zitronensaft	2 Essl. heißes Wasser

Die Gelatine in dem heißen Wasser auflösen, unter den ausgepressten gesüßten Saft mischen und kalt stellen. In Zucker gewendete Apfelsinenstückchen zur Verzierung in das halberstarrte Gelee eindrücken. Oder das Gelee noch flüssig in sorgfältig ausgeschnittene Apfelsinenschalenkörbchen füllen.

ERDBEERCREME

¼ l Erdbeersaft oder -mus	2 Essl. Zucker
je 2 Blatt (6 g) rote und weiße Gelatine	2–3 Eischnee
2 Essl. heißes Wasser	oder ⅛ l Schlagsahne

Die vorbereitete Gelatine in dem heißen Wasser auflösen und unter den gesüßten Saft (Mus) mischen. Wenn die kaltgestellte Masse anfängt dick zu werden, den Eischnee oder die Schlagsahne darunterziehen. Creme kann man aus jeder anderen Obstart bereiten.

ROTE GRÜTZE MIT SCHLAGSAHNE

½ l Obstsaft	4 Essl. Zucker	65 g (4 Essl.) Sago

½ Pfund Obst (Kirschen, Preisel-, Johannis-, Erd-, Himbeeren, jede Sorte für sich oder 2–3 gemischt) mit ⅜ l Wasser weich kochen, durch ein Sieb streichen. Den Saft mit Zucker zum Kochen bringen, den Sago einlaufen und 20 Minuten langsam quellen lassen. Die Masse in eine ausgespülte Form füllen, nah dem Erkalten stürzen und mit geschlagener Sahne reichen.

DAS EINLEGEN VON OBST UND GEMÜSEN

Durch das Einlegen von Gemüsen und Obst schafft sich die Hausfrau einen Vorrat, der ihr im Winter dazu dient, eine willkommene

Abwechslung in der Speisenfolge zu bieten und in besonderen Fällen (Festtage–Besuch) ohne viel Aufwand von Zeit und Geld den Küchenzettel zu bereichern oder auch schnell und mühelos ein gutes Gericht fertigzustellen.

Durch das Einlegeverfahren und die monatelange Aufbewahrung gehen freilich lebenswichtige Vitamine und Ergänzungsstoffe verloren, wie bei jeder Erhitzung und längerem Lagern. Dieser Verlust kann aber durch aufmerksames Beobachten der Kochzeit und des Hitzegrades bedeutend eingeschränkt und durch Zugabe geeigneter Rohkost (z.B. rohgeriebene Äpfel unter eingelegtes Kompott gemischt–geriebene rohe Möhren, rote Rüben, Kohlrabi mit eingelegtem Gemüse vermengt) leicht ausgeglichen werden. Um eingelegte Früchte haltbar zu machen, sind folgende Grundsäge zu beachten: Es dürfen nur ganz frische und tadellose Nahrungsmittel Verwendung finden.

Sie sind sorgfältig zu waschen.

Die Gefäße müssen auch ganz sauber sein. Sie werden 24 Stunden gewässert, mit warmem Soda- oder Salzwasser ausgewaschen, mit frischem Wasser gut nachgespült und zum Abtropfen auf reine Tücher gestürzt. Zur Reinigung der Flaschen. benutzt man noch gestoßene Eier- oder kleingeschnittene rohe Kartoffelschalen.

Keimfrei werden die Gefäße durch Erhitzung im Wasserbad:

Man umhüllt die **leeren** Flaschen oder Gläser mit Holzwolle oder Papier, stellt sie dicht aneinander in einen hohen Topf, dessen Boden mit Holzwolle oder Papier ausgelegt ist. Dann füllt man den Topf ¾ voll mit lauwarmem Wasser, überdeckt ihn mit einem passenden Topf oder einer tiefen Schüssel und stellt ihn aufs Feuer. Die Gläser müssen so heiß werden, dass man sie mit der Hand nicht anfassen kann. Dieses Erhitzen empfiehlt sich besonders bei Verwendung von Flaschen, weil sich dann die fertiggekochten Früchte kochend heiß einfüllen lassen, ohne dass das Glas springt, und so alle Fäulnispilze vernichtet werden.

Die Gefäße müssen gut verschlossen werden. Das geschieht durch Patentverschluss oder Pergament- oder Cellophanpapier, das sich angefeuchtet am straffsten über die Gläser spannen lässt. Als Verschluss für Flaschen dienen auch Korke, mit Siegellack, Paraffin oder Gips überzogen. Neue Korke legt man vor dem Gebrauch in heißes Wasser. Alte Korke werden durch Auskochen in Sodawasser wieder weich.

Beim Einfüllen muss das Gefäß öfters auf die Handfläche gestoßen werden, damit zwischen den Früchten nicht zu viel Luftraum bleibt. Die Flüssigkeit soll den Inhalt bedecken, aber im Flaschenhals oder bis zum Rand der Büchse muss 3 cm Raum frei bleiben.

Das Kochen der gefüllten Gläser im Wasserbad unter Einwirkung des Dampfes sichert luftdichten Verschluss und macht so den Inhalt keimfrei. Man nennt dieses Verfahren Sterilisieren.

Verwendet man dabei Patentgläser, so sind Rand, Deckel und Gummiring sorgfältig zu prüfen, dass sie keine Risse oder Sprünge haben. Gebrauchte Gummiringe werden durch Erhitzen in Sodawasser (kalt ansetzen–nur bis ans Kochen bringen!) wieder elastisch.

Sind die Büchsen gefüllt, so müssen Rand, Gummiring und Deckel rein abgewischt, abgetrocknet und mit gut passender Klammer verschlossen werden. Dann setzt man sie in einen mit Wasser gefüllten und mit Holzwolle ausgelegten Topf, und zwar so, dass sie sich nicht berühren und zur reichlichen Hälfte im Wasser stehen (praktisch sind auch kleine Drahteinsätze). Das Wasserbad muss die gleiche Temperatur wie der Büchseninhalt haben. Der Topf wird mit gleichweitem Topf oder gut passender Stürze verschlossen und das Wasser langsam zum Kochen gebracht, dann das Gefäß etwas auf die Seite gerückt. Die in den Rezepten vorgeschriebene Kochzeit muss genau eingehalten werden. Heftiges und zu langes Kochen ist zu vermeiden.

Einkochapparate vereinfachen und erleichtern die Arbeit und ermöglichen durch das Thermometer genaue Beobachtung des Hitzegrades und Einhaltung der Kochzeit.

Durch Anwendung eines Luftentsaugungsapparates (Einsarverfahren) kann man die Kochzeit bedeutend abkürzen und dadurch die Nährstoffe schonen, sowie Form und Farbe der Früchte gut erhalten.

Zum Einlegen verwendet man am besten Lompenzucker, weil dieser chemisch rein (ungeblaut) ist.

Nach dem Einkochen müssen die Gefäße erst verkühlen, ehe man sie aus dem Wasserbad nimmt, oder schnell in ein Tuch gehüllt werden, um das Platzen des Glases zu verhüten. Nach dem Erkalten prüfe man, ob der Deckel festsitzt. Man löse die Klammern und hebe das Glas am Deckel hoch. Die eingelegten Früchte bewahrt man in einem trockenen, kühlen, dunklen Raum auf und prüft von Zeit zu Zeit ihre Haltbarkeit.

APFELGELEE

Unreife Äpfel (Fallobst) waschen, ungeschält in Stücke schneiden, mit kaltem Wasser bedeckt aufsetzen, weich kochen, ohne zu rühren. Dann einige Stunden stehen lassen. Ein reines Tuch mit den Zipfeln an den vier Beinen eines Schemels befestigen, Schüssel darunter stellen, die Äpfel auf das Tuch schütten, den Saft abtropfen lassen, ohne zu drücken. Den gewonnenen Saft messen oder abwiegen.

Auf 1 Liter oder 2 Pfund Saft 1½ Pfund Zucker rechnen.

Zucker im Saft auflösen, diesen mit Saft und Schale einer Zitrone aufsetzen, unter Rühren auf starkem Feuer zu Gelee einkochen. (Probe: Safttropfen, auf einen Teller gegeben, muss erstarren).

Das heiße Gelee in kleine erwärmte Gläser füllen, mit Cellophan- oder Pergamentpapier verschließen. Anstatt Apfel können auch nur Apfelschalen verwendet werden. Quittengelee wird ebenso zubereitet.

Besonders wohlschmeckend ist Gelee aus Äpfeln und Quitten zu gleichen Teilen. Aus Rückständen im Tuch Mus oder Marmelade bereiten.

JOHANNISBEERGELEE

Beeren waschen, mit Gabel entstielen, ohne Wasser aufsetzen, unter Schütteln so lange kochen, bis sie platzen. Nun in das aufgespannte Tuch schütten, Saft abtropfen lassen oder Beeren roh durch die Fruchtpresse drücken, messen oder abwiegen. Zu 1 Liter oder 2 Pfund Saft 2 Pfund Zucker mischen, zusammen 5–10 Minuten kochen lassen, Schaum abschöpfen. Wenn der Saft geliert, weiter behandeln wie Apfelgelee.

Zugabe von Himbeeren erhöht den Wohlgeschmack.

Beerenreste zu Roter Grütze verwenden.

Obstgelee mit Opekta

einem konzentrierten natürlichen Fruchtgeleestoff

2½ Pfd. abgetropften Saft   3 Pfd. Zucker

½ Pfd. Opekta-Fruchtsaft oder Pulver   Saft von 1–2 Zitronen

Den abgetropften Beerensaft oder Apfelsaft wiegen. 2½ Pfund Saft mit 1 Pfund Zucker vermischen, auf starkem Feuer unter Umrühren zum Kochen bringen und 8 Minuten stark durchkochen. Dann noh 2 Pfund Zucker zugeben, nochmals zum Kochen kommen lassen und 10 Minuten sprudelnd kochen. Den Topf vom Ofen nehmen, 1 Flasche Opekta (Inhalt ½ Pfund). in die heiße Masse rühren und sie in kleine heiße Gläser füllen. Große Gläser erschweren das Steifwerden. Mit Hilfe von Opekta wird das Einkochen und Verdampfen des Fruchtsaftes und damit das Entweichen des Aromas verhütet.

Fruchtsaft (durch Dampfentsaftung)

Dazu können alle Arten von Beerenobst, besonders auch Holunder- und Weinbeeren, sowie alle anderen Früchte Verwendung finden. Es muss aber schnell und sorgfältig gearbeitet werden. In den gut gereinigten Wecktopf ein sauberes ausgekochtes Tuch legen. Das Gefäß handbreit voll kaltes Wasser füllen. Einen leeren sauberen Tontopf (möglichst mit Schnäuzchen) hineinstellen. Über den Rand des Topfes 2 Tücher lose spannen, leicht mit Bindfaden befestigen. Die Tücher sind 80x80 cm groß. Das untere aus feinem Stoff trichterförmig, das obere aus gröberem Stoff (z. B. Nessel) schüsselförmig einlegen. Auf das obere Tuch etwa 3 Pfund gewaschene, rohe, zerkleinerte Früchte geben, je nach Säuregehalt mit oder ohne Zucker (Äpfel z.B. ohne Zucker). Darüber ein Blatt starkes Pergamentpapier zum Auffangen des Deckelwassers decken. Den Deckel lose auflegen, das Thermometerloch mit Kork oder Wattepfropfen verschließen. Den Bindfaden lösen, und die Tücher über dem Deckel (jedes für sich) verknoten. Den Topf auf den Ofen stellen, wenn Dampf entweicht, zur

Seite rücken und 1½ Stunde stehen lassen. Das Wasser im Wecktopf nicht kochen lassen, nur nahe am Siedepunkt erhalten. (Obstsaft verliert sonst an Wohlgeschmack.) Dann den Deckel öffnen, Papier mit angesammeltem Wasser, Tücher mit Obstresten herausnehmen. Den im Tontopf gesammelten Saft sofort in keimfreie, heiße Flaschen füllen, sofort mit keimfreiem (gedämpftem) Kork verschließen, Paraffin daraufgeben und die Flasche, verkehrt gestellt (damit der heiße Saft Kork und Flaschenhals nochmals sterilisiert), abkühlen lassen. Flaschen liegend an kühlem Ort aufbewahren. Obstreste zu Marmelade oder Suppe verwenden.

VIERFRUCHTMARMELADE

1 Pfd. Stachelbeeren   1 Pfd. Kirschen

1 Pfd. Johannisbeeren   ½ Pfd. Himbeeren

½ l Wasser und 3 Pfd. Zucker

Das Obst schnell waschen. Von den Stachelbeeren Blüte und Stiel abzupfen. Johannisbeeren mit der Gabel abstielen. Kirschen entstielen und entkernen. Himbeeren verlesen. Die Früchte zusammen mit kaltem Wasser aufsetzen, weich kochen, zu Mus quirlen, mit Zucker unter Rühren schnell zu Marmelade einkochen, in heiße Gläser füllen, und diese nach dem Erkalten mit Cellophanpapier verschließen.

HEIDELBEEREN

Heidelbeeren lesen, waschen, in einem Tontopf unter öfterem Umrühren kochen lassen, bis sie platzen. Dann die Beeren in erhitzte Flaschen füllen, abgekochtes, abgekühltes Wasser darübergießen und mit angefeuchtetem Pergamentpapier oder Leinenläppchen oder frischen Eierschalen verschließen.

PREISELBEEREN

5 Pfd. Preiselbeeren   2 Pfd. Zucker

Preiselbeeren lesen, waschen, mit Zucker so lange kochen, bis sie platzen. Noch warm in einen Steintopf füllen, weißes, mit Rum angefeuchtetes Papier darauflegen und den Topf mit Pergamentpapier gut verschließen.

APRIKOSEN ODER PFIRSICHE IN ZUCKERSAFT

4 Pfd. Aprikosen oder Pfirsiche	¾ l Wasser
2 Patentverschlussgläser mit je 1 l Inhalt	¾ Pfd. Zucker

Reife Früchte im Sieb 1 Minute in kochendes, dann in kaltes Wasser tauchen, mit Obstmesser schälen (schont die Farbe), halbieren, dabei vom Stein lösen. Mit der runden Seite nach außen in die Gläser füllen, mit Zuckerlösung übergießen, gut verschließen, 20 Minuten bei 90 °C sterilisieren.–Einige aufgeschlagene, abgezogene Kerne, mit eingefüllt, erhöhen den Wohlgeschmack.

KIRSCHEN IN ZUCKERSAFT

3 Pfd. Kirschen	½ Pfd. Zucker
¾ l Wasser	1 Stück Zimtschale
Einlegegläser	

Kirschen gewaschen und entstielt in Gläser füllen, Wasser mit Zucker und Zimtschale kochen, etwas erkaltet über die Kirschen gießen, dass sie bedeckt sind. Gläser gut verschließen und im Wasserbad 20 Minuten kochen. (Im Wecktopf bei 90 °C)–Birnen auf dieselbe Weise sterilisieren.

PFLAUMEN IN ZUCKERSAFT

4 Pfd. Pflaumen	1 Pfd. Zucker
1 l Wasser	1 Stück Zitronen- oder Zimtschale
4 Patentverschlussgläser mit je ½ l Inhalt	

Pflaumen waschen, in Viertel schneiden, entsteinen, in Gläser füllen, mit der gekochten, erkalteten Zuckerlösung übergießen, gut verschließen und 20 Minuten bei 85 °C sterilisieren.

Zerschnittene Pflaumen können auch ohne Wasser und ohne Zucker sterilisiert werden.

GESCHÄLTE PFLAUMEN

5 Pfd. Pflaumen	¾ Pfd. Zucker
1 l Wasser	4 Patentverschlussgläser (je ½ l Inhalt)

Große, reife Pflaumen im Sieb in kochendes Wasser tauchen, bis die Schale platzt. Dann schnell die Schalen abziehen, die Früchte in erwärmte Gläser legen und sofort mit der abgekühlten Zuckerlösung übergießen (Pflaumen färben sich sonst braun). Gläser gut verschließen und 20 Minuten bei 80 °C sterilisieren.

BIRNEN IN ZUCKERESSIG

3 Pfd. Birnen	¼ Pfd. Zucker
½ l verdünnten Essig	1 Stück Zimt- und Zitronenschale
	3 Nelken

Birnen waschen, schälen, je nach Größe halbieren oder vierteln, Kerngehäuse entfernen und in vorbereitete Gläser füllen. Essig, Zucker und Gewürze kochen, die Gewürze entfernen, den abgekühlten Essig über die Birnen gießen. Die Gläser gut verschließen und die Birnen ½ Stunde im Wasserbad kochen.

GRÜNE BOHNEN

2 Pfd. Bohnen	1 Teel. Salz
1 l Wasser	

Bohnen waschen, abziehen, schnitzeln, in einem Sieb zugedeckt über Wasserdampf vordämpfen, dann in vorbereitetes Glas füllen, gekochtes, abgekühltes Salzwasser darübergießen, gut verschließen und ½ Stunde sterilisieren.

PILZE

2 Pfd. Pilze	1 Essl. Salz

Pilze putzen, waschen, zerschneiden, mit Salz in gut gereinigte Einkochgläser füllen, gut verschließen und ½ Stunde sterilisieren.

JUNGES MISCHGEMÜSE

Karotten	Schotenkerne	zarter Kohlrabi	Blumenkohl

Karotten waschen, abschaben, abspülen, in Scheiben schneiden oder ganz lassen. Schotenkerne aus den Hülsen lösen. Kohlrabi waschen, schälen (Schale abziehen), abspülen, in Scheiben schneiden. Blumenkohl waschen, in Röschen teilen. Jedes Gemüse für sich in einem Sieb über Wasserdampf vordämpfen (Sieb zudecken, Wasser darf nicht eindringen). Dann Kohlrabi, Karotten, Schotenkerne und Blumenkohl abwechselnd ins Glas einschichten, mit einer Lösung von abgekochtem, abgekühltem Wasser, Salz und Zucker (1 l Wasser, 1 Esslöffel Salz, 1 Teelöffel Zucker) übergießen, gut verschließen und ½ Stunde bei 100 °C sterilisieren.

PFEFFERGURKEN

5 Pfd. kleine feste Gurken	4 Lorbeerblätter
3 l Wasser	3 Essl. Salz
2 Essl. Salz	1½ verdünnten Weinessig
2 Essl. Pfefferkörner	je 1 Bündel Dill
1 Essl. Meerrettichwürfel	Pfefferkraut
	und Estragon

Gurken mit Bürste reinigen, eine Nacht in kaltes Salzwasser legen. Dann mit den kleingeschnittenen Kräutern und Gewürzen in einen Steintopf schichten. Essig mit Salz kochen und heiß über die Gurken gießen. Nach einigen Tagen Essig nochmals aufkochen, aber dann kalt auf die Gurken schütten. Topf mit angefeuchtetem Pergamentpapier zubinden. Die Gurken kann man auch mit den Gewürzen in Patentverschlussgläsern schichten, den Essig kochend darübergießen und gut verschlossen im Wasserbad 3 Minuten sterilisieren.

SENFGURKEN

6 große, reife Gurken	1 Teel. weiße Pfefferkörner
6 Essl. Salz zum Einsalzen	½ l verdünnten Essig
3 frische Lorbeerblätter	1 Stück Meerrettich
3 Essl. Senfkörner	50 g Schalotten oder Perlzwiebeln
je 1 Stängel Dill, Pfefferkraut, Basilikum, Estragon und Thymian	

Gurken waschen, schälen, halbieren, mit silbernem Löffel die Kerne und das weiche Mark herausschaben. Dann die Gurken mit Salz einreiben, über Nacht stehen lassen. Am nächsten Tag mit reinem Tuch abtrocknen, in Stücke schneiden, mit Meerrettichscheiben, Zwiebeln, den geschnittenen Kräutern und übrigen Gewürzen in Gläser oder Töpfe einschichten. Den verdünnten Essig kochen, abkühlen und darübergießen. Nach 3 Tagen Essig wieder aufkochen, nach 8 Tagen dies nochmals wiederholen. Gefäße mit Pergamentpapier verschließen. Die Senfgurken kann man auch sterilisieren.

KÜRBIS IN ZUCKER UND ESSIG

4–5 Pfd. Kürbis	1 Stück Ingwer
1 Pfd. Zucker	1 Stück Zimtschale
1 l verdünnten Weinessig	5 Nelken
Saft und Schale ½ Zitrone	

Den Kürbis waschen, putzen, in Würfel schneiden, mit kochendem Essig, Zucker, Gewürzen aufsetzen, kochen bis er glasig ist und in gut gereinigte Gläser füllen. (Saft muss den Kürbis bedecken.) Die Gläser mit angefeuchtetem Pergamentpapier verschließen.

KÜRBIS ALS SENFGURKE

4 Pfd. Kürbis	1 Zwiebel	1 Stück Meerrettich
1½ l verdünnten Essig	2 Lorbeerblätter	1 Teel. Senfkörner
1 Essl. Salz	2 Stängel Dill	2 Stängel Pfefferkraut

Den Kürbis waschen, zerteilen, schälen, die weiche Masse mit einem Löffel ausschaben, in fingerlange Stücke schneiden, einsalzen und 1½ Stunden stehen lassen. Meerrettich und Zwiebel in kleine Würfel, Kräuter in Stücke schneiden. Den eingesalzenen Kürbis mit einem sauberen Tuch abtrocknen, in siedenden Essig geben und so lange kochen, bis er glasig aussieht. Dann mit Gewürzen und Kräutern schichtenweise in ein sauberes Gefäß füllen, abgekühlten Essig darübergießen, mit Pergamentpapier verschließen. Nach 3 Tagen den Essig abgießen und nochmals aufkochen.

ESSIGBOHNEN

2 Pfd. Bohnen	2 Stängel Dill
2 l Wasser	2 Stängel Pfefferkraut
1½ Essl. Salz	1 Zwiebel
¾ l verdünnten Weinessig	1 Teel. Pfefferkörner
	2 Lorbeerblätter

Bohnen waschen, abziehen, mit kochendem Salzwasser aufsetzen und ½ Stunde kochen. Gewürze waschen, Dill und Pfefferkraut in kleine Stücke schneiden. Die weichen Bohnen in einem Durchschlag abtropfen lassen, dann mit Kräutern und Gewürzen schichtenweise in einen sauberen Steintopf legen, mit dem verdünnten, gekochten und wieder abgekühlten Essig übergießen. Einige Holzspäne kreuzweise darauf drücken, und den Topf mit angefeuchtetem Pergamentpapier verschließen.

SALZGURKEN

15 Stück mittelgroße Gurken		2½ l Wasser
5 Lorbeerblätter	einige Weinblätter	100 g Salz
4 Stängel Dill	2 Stängel Pfefferkraut	⅛ l Essig

Die Gurken waschen, wässern und gut abtrocknen, dann mit Laub und Kräutern in einen Steintopf schichten. Wasser, Essig und Salz kochen, erkaltet über die Gurken gießen, mit Holzdeckel und Stein beschweren. (Flüssigkeit muss die Gurken reichlich bedecken.) Topf so lange in der Küche stehen lassen, bis sie gären.

SAUERKRAUT EINLEGEN

20 Pfd. Weißkraut	½ Pfd. Salz
2 Essl. Kümmelkörner	2 Stängel Dill

Die äußeren Blätter vom Weißkraut entfernen, dann Kraut hobeln, mit ⅔ des Salzes und den Kümmelkörnern vermischen. Danach in einen sauberen Steintopf oder in ein Holzfass einstampfen. Das übrige Salz darüberstreuen, ein gebrühtes Tuch und einen Deckel darauflegen, mit Steinen beschweren. Das mit reichlich Flüssigkeit bedeckte Kraut so lange in einem warmen Raum stehen lassen, bis sich Blasen bilden (Gärung). Dann kühlstellen. Die eingedrungene Flüssigkeit durch abgekochtes, abgekühltes Salzwasser ersetzen, die sich bildende Schimmelschicht entfernen und das Tuch auswaschen.

SCHNELLGURKEN

2 große Gurken		1 Zwiebel
1 Essl. Salz	2 Lorbeerblätter	einige Pfefferkörner

| ½ l verdünnten Essig | 2 Stängel Dill | 2 Stängel Pfefferkraut |
| 1 Essl. Senfkörner | | 1 Stückchen Meerrettich |

Die Gurken waschen, schälen, in fingerdicke Scheiben schneiden, einsalzen und 1 Stunde ziehen lassen. Die Gewürze waschen. Dill, Pfefferkraut, Zwiebel und Meerrettich in kleine Stücke schneiden. Dann die Gurken schichtenweise mit Kräutern und Gewürzen in einen Steintopf oder in ein Glas legen, den verdünnten, abgekochten Essig heiß darübergießen und das Gefäß verschließen.–Die Gurken können nach 2 Tagen gegessen werden.

Kräuteressig

| 1 Bündel Estragon | 3 Stängel Pfefferkraut |
| 1 Bündel Dill | 1 l Weinessig |

Die Kräuter lesen, waschen, in kleine Stücke schneiden und in einen Tontopf geben. Den Weinessig kochen, darübergießen und beides 8 Tage stehen lassen. Danach den Essig abgießen, in saubere Flaschen füllen und gut verkorkt kühl aufbewahren.

REGISTER